追 梦 在 路 上

——苏州魅力科技人物的故事

苏州市科学技术协会 编

文汇出版社

编委会

序

一座城，因创新而续写光辉历程。

一个人，为创新而演绎多彩人生。

千秋基业，人才为先。回眸苏州 2500 多年的发展历史，是一部不断创新创业的历史。处在当今这样一个科技发展瞬息万变、综合竞争日趋剧烈的变革时代，正由无数可亲可爱的苏州人追逐创新梦想，汇聚成为一股创新创业奔腾涌起的春潮，近五年苏州连续实现了稳居福布斯中国大陆 25 个最具创新力城市排行榜前三甲。聚焦苏州加快建成"具有国际竞争力的先进制造业基地、具有全球影响力的产业科技创新高地"的生动实践，更离不开全市 100 多万科技工作者牢牢把握新科技革命和产业变革的创新机遇，挑战自我，不畏艰难，开拓创新，奋发有为，作出原创性的创新成果，打造标志性的创新品牌。

在这片创新创业的热土上，广大科技工作者紧紧围绕全市产业转型发展大局，不忘初心，攻坚克难，在各自领域施展才华，各展所能，实现抱负，涌现出一批又一批魅力精英。特别是十年来，获评苏州年度魅力科技人物的创新创业者们，他们满怀理想与追求、执着与坚韧，经历着各自创新创业的酸甜苦辣，演绎着各自成功失败的喜怒哀乐，是书写苏州科技创新篇章的真实写照。他们有的是在国外取得成绩后回到苏州创业的企业家和从事科学研究的学者，有的是一直默默地坚守在平凡岗位上的普通科技工作者，有的是从一线岗位发展成为技术骨干的成功人士，几乎涵盖了苏州战略性新兴产业以及医疗卫生、科技教育等基础性行业。他们来自五湖四海、各行各业，他们的创新创业成果潜移默化地改变着我们的生活。

《追梦在路上——苏州魅力科技人物的故事》就是他们创新创业史的浓缩版本。本书精选了 2007—2015 年 9 年间获评的 20 位魅力科技人物的故事，由苏州市科学技术协会组织编撰，文汇出版社出版。该书力图通过讲述他们人生奋斗过程中的经历，分享他们致力创新，扎根苏州，让个人成功与城市发展融为一体的故事，进一步折射出苏州"崇文、融合、创新、致远"的城市精神。

榜样的力量是无穷的，而身边的榜样是最感动人的。戴尔·卡耐基曾经说过："人的价值，就是创造价值的人生。正是如此，人生最值得回味的地方并不在功成名就之时。"让我们领略真正的有血有肉的故事本色，从中吮取生活的启迪，蓄满前行的动力。

苏州市科协党组书记、主席

2017 年 1 月

目　录

丁冬：迷人的动画梦

2011 年"苏州十大魅力科技人物"。坚持以教育为第一守则，成功地把小小的讲台教育，放在了动画产业这个更大的平台上。坚定地追求"要做最好的动画片"的梦想，历时三年，打磨出全球第一部全毛发制作的系列剧动画片《小狐狸发明记》。

丁冬，苏州天润安鼎动画有限公司创始人。从一名语文教师，到期刊主编，到网站总编，最后从事动画制作，丁冬的事业遵循着这样一个轨迹：让自己的教育理念不断放大，让亿万少年儿童都能从中获取人生最初的启蒙。2009 年毅然决定成立"天润安鼎"动画基地，随后一系列优秀作品横空出世：原创三维动画电影《动物狂欢节》获华表奖优秀动画片奖，《水墨时空》获"莫比斯"杯文化遗产创新奖，水墨动画《源》获出版总署数字出版物优秀奖。全球首部全毛发长篇动画剧《小狐狸发明记》让美国梦工厂导演惊叹连连，并卖出了高价海外版权，荣获 2011 年优秀国产动画片。

一

美国东部时间 2012 年 12 月 20 日，一部名为"家在苏州：一座诗意栖居的城市"的水墨动画城市形象片，在世界十字路口——美国纽约时报广

丁冬

场亮相。

  片子时长 1 分钟，一条纤细的鱼，在水中游弋，墨色荷枝、古镇村落、现代都市，串起了平江路的小巷曲水、冠云峰的凌空剔透、虎丘塔的奇巧幽然，借金鸡湖的水、李公堤的树、博物馆的水墨勾勒、观前街的繁华熙攘，遍览姑苏美景，描述了足迹踏过千年石板、评弹声中岁月泊船的幽幽场景，幻化出传统苏州的温婉柔美，别开生面地展现了现代苏州的时尚活力。

  水是苏州的灵魂，鱼是古语吴地苏州"吴"的谐音，也是动感视角的形象表现。该片运用水墨动画的表现形式，采用一代大师吴冠中的笔墨画风，契合了江南古城苏州粉墙黛瓦的城市基调，也凸显了苏州的城市气质和韵味。勾勒出一幅"古典与现代相融、经济与社会协调、自然与人居相宜"的当代《姑苏繁华图》。在纽约时报广场霓虹纷呈、光影婆娑的背景下，更加凸显中国文化的淡然优雅和苏州这座城市的独特气质。

  随后，该片在英国希思罗机场、法国戴高乐机场、德国法兰克福机场等欧洲三大枢纽机场的 103 块电子屏上循环播放。该片巧妙地串联起苏州的园林之雅、四时之宜、山水之秀、城林之美，生动诠释了一个传统而现

代的开放文明之城。

这部给苏州露脸给苏州人长脸的片子的创意者制作者，正是丁冬，和他的团队——苏州天润安鼎动画有限公司。而在此之前，他们已经在动画行业拥有很大的知名度。

2011 年，一部国产的系列剧动画片受到了孩子们的追捧，一个和本文主人公一样叫"叮咚"的崭新动漫形象成了孩子们的心头爱，也成为孩子和家长交流最多的热门话题。不仅如此，该片在世界影视圈和动漫界，也一样引起了轰动，成为一个业界热点。

这部动画片就是苏州天润安鼎动画有限公司创始人丁冬和他的团队历时三年打磨的全球第一部全毛发制作的系列剧 3D 动画片——《小狐狸发明记》。

它的主角名叫叮咚，是一只聪明活泼、善于思考、渴望创新发明的小狐狸。它从小被一只充满爱心的老兔子收养，生活在一个充满欢乐氛围和魔幻色彩的胡萝卜小镇上。叮咚年龄在 10 岁左右，喜欢幻想，容易冲动，一刻不停歇，脑子里全是稀奇古怪的想法，总会发明一些奇怪的东西，是小镇里最不安定的分子，极具破坏力，但同时，他也是小镇的天才发明家。也因此"我是天才！看我的！"成了叮咚的口头禅。

这部《小狐狸发明记》最令人称道的地方，不仅在于其本身充满了创意，片子轻松搞笑幽默风趣的剧情，避免了一般科普动画中既乏味又刻板的说教成分，更在于其精良的制作。《小狐狸发明记》大量运用毛发真实运动的柔性对象建模及其动力学研究成果，以及植物生长建模与可视化技术、3D 模型的变形技术研究等大量先进的 3D 动画技术，因此从小狐狸叮咚的红色毛发到动作神态再到动感十足的尾巴，都表现得栩栩如生。对此，美国《功夫熊猫》的导演约翰·史蒂文森啧啧称赞说："小狐狸的动画形象非常可爱，制作水平国际一流，你们的毛发制作可以与梦工厂媲美！"中国动漫学会会长余培侠也曾这样评价："小狐狸是我近三十年来看到的最具有国际卡通明星基因的中国卡通形象！"

《小狐狸发明记》海报

对于丁冬来说，经过五年精心打磨的《小狐狸发明记》能够获得业内外的一致好评，斩获荣誉无数，并不是最让他欣慰的事。最让他欣慰的是动画形象小狐狸对孩子们的影响，它激发了孩子们对学习和思考的热情，而那一句"我是天才！看我的！"也成为无数孩子的口头禅。

二

和你想象的不同，丁冬并非动漫界的元老，只能算是一个新兵，他接触动漫的时间不算短，但也绝不算长，不过八年而已。

丁冬也不是你想象中一个看着动画玩着电脑长大的 70 后 80 后，但他是 1987 年的应届高考生。当年他被江苏师范学院（现苏州大学）的中文系录取，毕业之后在张家港梁丰中学担任语文老师，开始了他为期十一年的教学生涯。

"黑发积霜织日月，粉笔无言写春秋"，丁冬非常热爱教师这个职业，在十一年的教师生涯中，受到了学生和家长的爱戴。也正是他对教育这份深入骨髓的爱，让他不再满足于教室里的三尺讲台，他希望可以找到一个更加广阔的平台去实现他的教育目标，从而进一步实现他的育人梦。

由于出色的教育和卓越的文采，丁冬被调到张家港文化馆担任创作辅

导员。但是他并不满足于这个平台，为了追求自己的梦想，他毅然放弃稳定的工作和安逸的生活，去北京闯荡。这是丁冬"北漂"生活的开始，也是他人生轨迹发生变化的起点。

到达北京后，丁冬找到了全国妇联，带领自己的团队进入了《父母世界》杂志社，并负责杂志的改版。中国的教育问题很多，独生子女的问题也很多，丁冬将杂志的口号定为"培养孩子，从培养家长开始"，主张父母家长要学一点心理懂一点教育会一点技能，做一个合格的家长。在丁冬和团队共同的努力下，《父母世界》杂志的发行量在两年时间内，由最初的 3 万册每月猛增到 17 万册每月，创造了国内期刊发行量的惊人业绩。

2003 年，"非典"降临，大部分人都选择待在家里。在此期间，丁冬通过朋友偶然接触到了日本殿堂级大师宫崎骏的两部作品《龙猫》和《千与千寻》，也正是这两部作品引起了丁冬的共鸣，唤起丁冬儿时的记忆——与伙伴在河里捞鱼戏水，在稻田里拾稻捡穗，在夕阳下背柴下山，在炊烟袅袅的村庄里听见了母亲的呼唤……丁冬认为动画已经不再是以往人们眼中的幼稚产物，动画已经成为一种艺术的表现形式，它不仅可以给孩子带去欢乐，同时也可以引起成人的共鸣。

2004 年，这是丁冬人生轨迹中重要的一年。这一年，丁冬与人民教育出版社合拍一部片子，其中有一段需要用到动画。以此为契机，丁冬开始了与中科院自动化研究所的合作。也正是这次合作，开启了丁冬的动画之路，让他与动画结下了不解之缘。这次合作，让丁冬暗暗下定决心，要用动画的感染力去温润童心，让自己的育人梦在动画这片广阔的天地中开花结果。

2007 年 11 月，丁冬与中科院自动化研究所签订合约，结成战略合作关系，至此，"小狐狸"的形象诞生。

沃尔特·迪士尼说："我并不是为了孩子创造动画，而是为了怀有赤子之心的每一个人。"动画是给每一个拥有赤子之心的人的礼遇，更是动画人自己的赤子之心。

三

2008 年底，丁冬怀揣着对动画的梦想，对教育的执着，从北京来到苏州，在苏州工业园区这个创业气氛浓厚、政府对动画有着有力扶持政策的地方，创立了苏州天润安鼎动画有限公司，开始了他以动画为载体的育人梦。

丁冬和天润安鼎动画有限公司的每个员工，都怀揣着三个梦想：

——我们的动画片要被中国孩子喜欢；

——我们的动画片要被全世界的孩子喜欢；

——我们的动画片要陪伴亿万孩子的成长。给亿万孩童、少年、成人和老人带来欢乐和美好，成为他们一生中珍贵的体验和回忆！

以教育为毕生理想的丁冬，决心做一部"家长放心、儿童开心"的动画片——这是一个崭新的教育模式：通过动画将孩子们的娱乐诉求和家长的教育诉求进行完美的结合；借助活泼可爱的卡通形象及幽默生动的动画故事，介绍科学发明和创新实践；在知识传播的同时，最大限度地发挥动画片的娱乐功能，获得社会和经济的双重效益。

中国的现代文化在某种意义上还是比较落后于世界的时代潮流，一直以来动画都是进口的多，除了屈指可数的几部，而中国几代人关于动画的记忆几乎都受到了日本动漫的影响。丁冬带队参加国际动漫展，在会场丁冬一行人受到了冲击。中国动漫企业展位前门庭冷落，反观欧洲、日本、韩国展位前人头攒动，更有甚者，几大国际知名影视公司在展会中各自"圈地称霸"。

在强大的国际动画竞争压力下，丁冬和团队清楚地认识到：要突破美国的霸权，要面对的市场不只是非洲的亚洲的，还应该是欧洲的美国的。因为价值观差异大，所以丁冬他们选择以发明的故事为选题。发明是一个永恒的国际化话题，既满足了孩子对事物的好奇和对知识的渴求，同时也规避了价值观的差异问题。狐狸作为智慧的象征，与发明家的特质相符，

这也是确定主角叮咚的主体为狐狸的主要原因。

丁冬深知，想把小狐狸这个形象打造成一个国际卡通明星，除了国际化的题材，还必须要使其成为中国动画产业的一个标杆，这就要求动画企业必须融入高新技术。于是，丁冬带领着他的团队，不断探索研发新插件、获取新技术，力求把动画做到极致。而在动画系列剧领域，对于真实的毛发渲染技术的运用基本还是一个空白。而《小狐狸发明记》采用全角色毛发处理，这主要依托中科院自动化研究所科学艺术中心十年的技术支持，片中的毛发、水纹等效果都十分鲜艳和逼真。毛发渲染技术的运用为整个制作过程增加了难度。毛发渲染技术之所以难，是因为它不仅需要大量的技术支持，而且需要大量的资金投入和更长的制作周期。即使在国外，一般也只有影院片、艺术短片或者游戏预告片中会用到毛发渲染，以求达到更好的视觉效果和真实感。

屋漏偏逢连夜雨。由于创意产业投资大周期长，公司股东也因长期投入未见回报，纷纷要求撤资。那时正处在项目需要大资金投入的节点，面对困境丁冬没有退缩，他倾其所有，把自己的房产抵押贷款，投资到项目中去。果真如老话所说：天将降大任于斯人也，必先苦其心志，劳其筋骨，饿其体肤，空乏其身，行拂乱其所为，所以动心忍性，曾益其所不能。

但这考验不仅属于丁冬他自己，更属于一个团队。

一支乐队，需要全体成员的齐心协力，否则难以演奏出余音绕梁的华章；一枝玫瑰，需要根茎的无私奉献，否则难以散发出沁人心脾的芳香；一座桥梁，需要桥墩的支撑，否则难以负载千车万人的流通；而一个企业的蓬勃发展，同样需要每一位员工的脚踏实地，真抓实干，需要每个员工的爱岗敬业。

为了一个共同的梦想，丁冬和来自各地没有任何血缘关系的有志之士紧紧地团结在一起，组成了这个温暖的大家庭——天润安鼎动画有限公司。因为共同的梦想，他们在"这个家"相遇、相识甚至相知。因为爱，他们在内心深处又多了一个温暖的角落，他们建立了优秀的企业文化与理念——

公司照片

"用爱创造梦想"。

爱是人们最倾慕的字眼，也是人类永恒的主题。爱，可以美化人的心灵，升华人的情感，激发人的斗志，振奋人的精神，推动事业的发展，铸就成功的人生。爱，是凸现在天润安鼎的一道美丽的风景线！

罗素曾说过："我们的生命并不是简单的划价与交易，不能用金钱把它的每一天标码划价，最终以死亡的形式出售，上帝创造了人类，人类要创造爱的世界。"

企业只要有了"企业爱员工与员工爱企业"这种优秀的互爱文化，企业就有了底蕴，有了品位，在竞争中就会立于不败之地。企业的员工是企业文化的主体，构建互爱企业，就要实现企业员工与企业的共同发展。企业的每一位员工都在通过不断的学习提高，实现自身进步的同时也推动企业的发展，达到与企业的和谐，与企业同呼吸共命运。

有人说，爱就是奉献。是的。天润安鼎因为爱员工，为员工提供人生的跑道。员工因为爱天润安鼎，为天润安鼎奉献赢家的荣誉！有人说，爱就是给予。是的。天润安鼎因为爱，给员工以平台、历练和情感。员工因为爱，给天润安鼎以勤奋、智慧和感情！

丁冬和天润安鼎团队就这样齐心协力，坚定信念，坚持了下来。

功夫不负有心人，守得云开见日出。三年磨一剑，霜刃今朝试。历时五年，投资 3600 万，攻克无数艰难困境，丁冬和他的团队终于见到了胜利的光芒——《小狐狸发明记》的诞生。

《小狐狸发明记》开创了一个世界纪录——全球首部所有角色全毛发制作的动画系列剧。凭借着精彩的剧情设置、精良的动画制作，以及令人震撼的视觉效果，《小狐狸发明记》自诞生之后便深受业内外好评，斩获大小奖项无数，如首批国家广电总局推荐优秀国产动画片、广电总局少儿节目精品优秀动画片一等奖等。而作为《小狐狸发明记》剧场版——电影《兔子镇的火狐狸》也受到了专业人士的肯定，并获得第十四届华表奖优秀动画影片大奖。

在短短一年内就获得如此之多的赞誉，丁冬和天润安鼎动画有限公司创造了一个动画行业的奇迹。

后来丁冬当选"苏州骄傲"创业之星，在接受中央电视台节目主持人王小丫的访谈时不无动情地说："童年会对一个人产生很大的影响，我希望在每个孩子的童年都埋下一颗关于爱的种子。动画承载了很多的爱，是童年重要的精神食粮。我希望把小狐狸打造成国产动画第一品牌，并且通过努力把咱们的国产动画卖到欧美的主流市场。"

而对于未来，丁冬表示会坚持"公司爱员工，员工爱公司，员工爱员工，用爱创造梦想"的公司理念，带领天润安鼎团队用"国际化"标准打造属于中国的动画梦幻工场；用"高科技"手段成就未来的传世经典；用"产业链"经济创造中国的业界奇迹。

王孝忠："容"人，"融"事

2013 年 "苏州市十佳魅力科技人物"。用 21 年时间，引领中国振动行业步入快速发展轨道，打破国际社会的封锁和垄断，实现了中国振动行业的崛起。

王孝忠，1995 年创办苏州东菱振动试验仪器有限公司，胸怀强烈的社会责任感和民族使命感，用坚定的信念和执着的追求，开辟了中国振动行业的新纪元，改写了国际振动界格局，打破了西方国家对我国的垄断和封锁，完成了"东菱振动，振动世界"的目标，实现了中国振动行业的崛起，打造了响亮的民族品牌。

一

很多时候，尤其在整个经济下行压力下，企业遭遇成长的烦恼和制约的疼痛，产业层次不高、市场竞争力不足，尤其与国际国内先进制造业相比，在产品质量、工艺和设计水平等方面还存在差距。有的企业还习惯于走捷径、赚快钱，热衷于追求短平快带来的即时利益，而忽视了产品、产业、企业的提升。究其原因，就是"工匠精神"的缺失。

2016 年春天的两会上，《政府工作报告》首提"工匠精神"这一新词。

王孝忠

何谓"工匠精神"？就是精益求精的精神，就是专注实业的精神，就是一丝不苟的精神，就是持久坚韧的精神。它代表着注重细节、追求完美的取向，一丝不苟、不走捷径的态度，以及对职业本身的敬畏和信仰。所谓事业、成就，依靠的其实就是一代代匠人积淀传承下来的"工匠精神"这一精神之钙。

最近几天，王孝忠在微信的朋友圈、群里异常频繁活跃，为公司里一位正在参加热火朝天的苏州市"工匠精神"人物评选的员工到东到西拉选票。

是谁又是什么原因让王孝忠不惜放下堂堂董事长之尊，大动干戈摇旗呐喊，又是亲自修改介绍文案，又是兴师动众呼朋唤友呢？

绝非来者不凡，他只是东菱一个普通员工，是制造中心生产一部电焊组组长刘九通。

王孝忠自有他的道理。

评选工匠精神不是评选劳模，劳模着重的是勤劳肯干，工匠着重的是精益求精。

20 个世纪 70 年代有一部苏联电影《莫斯科不相信眼泪》，相信很多人印象深刻，女厂长年轻时爱情受挫，独自带着女儿努力上进，中年时邂逅一个单身男果沙，是个一级电焊工，他所理解的幸福就是自由和受到尊重，常态下的表现啥事都会干。一次单位同事郊游，让女厂长刮目相看，他的同事都是研究所的科学家工程师，他们对果沙的能干赞不绝口，佩服得简直就是五体投地，因为果沙是把他们的研究成果最终呈现的人，就是心灵手巧、匠心独具。

刘九通就是像果沙一样的人。19 岁进厂，从事振动台核心工艺的短路环焊接。说白了就是铜面要和铁面贴合在一起，这本身不难，焊接就是这工艺，难点在于要天衣无缝，焊不好没敲合就会脱壳，后果不是很严重的问题，是不堪设想的事儿。这活儿技术不是最重要的，而是在于严谨、认真、精细，再加上技巧和力量，说起来不难，但是要做好其实非常之难。

刘九通一次次地焊接，一锤锤地敲打，把东菱这块焊接敲合敲到了世界之最、体量最大、总量最大。让东菱做出了世界上最大、最多的振动台核心部件，其高质量和高性能为东菱护航神舟、天宫飞天做出了积极贡献。集技术、技能、技巧、体力、毅力、耐力于一身的刘九通，是东菱工匠队伍的优秀代表，王孝忠觉得这不是他作为董事长多发几个奖金就了之的事。东菱企业的支撑靠两点：科研人员的发明和能工巧匠的实现，两者相辅相成，缺一不可。所以沐浴着东菱企业阳光的刘九通的意义不仅在于给企业挣了面子给国家做了贡献，而且更在于弘扬了工匠精神，值得全社会学习。

二

有人不禁要问，说得那么神乎其神，东菱是个什么企业？它是做什么的？

苏州东菱振动试验仪器有限公司成立于 1995 年，它现在是全球知名的环境与可靠性试验设备供应商和整体解决方案服务提供商。也许这样含糊其辞的名词还停留在大而不当的概念上，不妨把他们参与的项目做的事略举几例更通俗易懂，那是应该举世皆知家喻户晓的事，他们为"神舟五号"

到"神舟十一号""天宫一号""天宫二号",以及探月工程、风云系列、雷达、轨道交通、风电、内燃机、航空发动机等国家重点科研项目的研制建设和测试试验提供了配套服务,为促进高端装备制造业发展和国防现代化建设提供了强有力的基础条件保障和技术支撑。

王孝忠就是这个企业的开创者和领军人。一个民营企业要有资格转化为民族企业,一定要有一种民族责任心和使命感。

2016 年 8 月,瑞士驻中国大使到访东菱。瑞士是一个高度发达的资本主义国家,是世界最为稳定的经济体之一,制造业是瑞士最重要的产业,尤其在机械及电子设备、精密仪器及钟表方面堪称世界一流。一圈参观过后,大使先生对东菱赞誉有加,说是和瑞士的很多高科技企业十分相似,公司体量不大,却掌握着产品设计和研制的领先技术。然后,他好奇地问王孝忠:"你原来是干什么的?从事的是什么工作?"

这真是一个好问题。

王孝忠,1954 年出生,父母都是孤儿,父亲是汉族人,母亲是满族人,让王孝忠的性格中兼蓄了两种民族的特征,敢于挑战,不甘示弱。出生时父亲已经 48 岁,生存生计颇为艰难。他 16 岁进的工厂——苏州试验仪器厂,17 岁进学习班,18 岁被借调市机械局,然后民兵、消防、保卫、宣讲团、车间等等杂七杂八的都干过。1982 年的时候上电大学了企业管理,然后办公室、计划科、综合科、销售部、副厂长。25 岁,要结婚时连家具都没有,自己在旧家具店揣摩之后买木头找工具弄清楚工艺,竟然像模像样地做出了两套家具,除了自己一套,还帮别人也打造了一套……

人,有时候不在于你干过什么,重要的在于你学到了什么。喜欢研究思考,执着科学实践、真实验证,坚持抓最本质的东西,这个思维和工作方式始终伴随着王孝忠,让他的每一个成长痕迹都跟上历史主流。

1995 年,已在国有企业干了 25 年的王孝忠,看不惯厂里人浮于事、勾心斗角的风气,觉得继续耗下去已经丧失了发挥自身能力的空间和条件,毅然决定下海创办东菱公司。

王孝忠是有鸿鹄之志的。创办东菱，他绝不是为了三斗米而折腰，而是因为他对这个行业有着太多的了解，他有信心在这个方面有所作为，做出一番成绩。他的远大抱负是与自己的名字一脉相承的，要用自己的一辈子做一个有民族魂、中国梦的事业！

既然你不给我一个说法，那就我给你一个说法。

虽然没有技术、资本和市场背景支撑，甚至连过去说好一起出来的伙伴也因为在场地选择的漫长过程中打了退堂鼓，只剩下王孝忠独自一人。但是开弓没有回头箭，王孝忠还是毅然决然义无反顾，凭着一辈子做好一件事的恒心与毅力，硬生生地把工厂——东菱振动试验仪器厂办了起来。

20世纪，世界上电动振动台有两大王牌企业，一个是英国的"菱"公司（即 LING DYNAMIC SYSTEMS LTD），另一是美国的"菱"公司（即 LING ELECTRONICS LTD），他们掌握着振动试验台的高端制造技术，垄断了振动行业，也阻碍了振动行业的发展进步。王孝忠把自己的工厂取名"东菱"的意思，就是要挑战以英国"菱"、美国"菱"为首的西方"菱"公司。

中国在这个行业起步较晚，有很特殊的历史背景。振动试验设备在国防、军工、航空、航天、船舶等重要领域有着十分广泛的应用，西方发达国家为了卡住中国发展的脖子，长期以来对中国采取从技术到产品的封锁和禁运，从20世纪50年代的"巴黎统筹委员会"，到"导弹技术控制机制"管制清单，再到后来的"瓦森纳安排"，振动试验台都作为管制产品赫然在列。20世纪70年代，在中国，振动试验台有"一吨推力一吨金"之说，进口一台一吨级的振动试验台需要花费价值一吨黄金的代价，而且，更可气的是80年代之前，1吨推力以上的电动振动台就对我国实行禁运。90年代初，苏联解体后，禁运虽有所放宽，但5吨推力以上的大型电动振动台仍然对我国实行禁运。特别是对9吨推力以上的大型振动台更是严加管制。

而现在，王孝忠立志要去改变世界振动仪器格局，摆脱中国国防和军工业因为振动落后而被牵制的局面。东菱的标志形似"中"，寓意中国之菱、民族之菱。

理想决定高度，高度决定格局。

三

创业时的艰难困苦可想而知，成功从来不是轻而易举的事，背后一定是心血汗水的凝聚。还是来看看王孝忠和他的团队这些年都做成了哪些吧。

2001 年后启动了人才引进战略，他们和国内的一些顶尖专家合作，先后打破中国的多项纪录：风冷式 5 吨级、6 吨级试验台相继研制成功，制造了世界最大推力的 7 吨级风冷式电动振动台，国内最大的 16 吨级水冷式振动台问世。这些成果打破了美国、英国、日本等国家对中国振动试验台的封锁。中国神舟五号载人飞船研制成功后，需做火箭零部件及可靠性振动试验，国内一些有实力的振动台生产厂家竞相竞标，东菱振动研制的 5 吨级电动振动台一举中标，参与中国载人航天工程研制建设试验的协作配套工作，为我国首次载人航天飞行任务圆满成功做出贡献。

2004 年 3 月，国际航空航天展在德国汉堡举行，苏州东菱振动试验仪器有限公司是唯一的中国参展厂家，展台的背景图是遨游太空的中国神舟五号载人飞船　展台上摆放着一台已被客户订购的 3 吨级振动试验台，标价却只有美国、英国、日本生产的振动台的一半，而性能可与之相媲美，一些技术指标甚至优于对方，一直垄断尖端的振动试验台市场的美国、英国、日本厂商因此大呼"狼来了"。

2005 年，苏州东菱为神舟六号载人飞船保驾护航，研制的 16 吨电动式振动试验系统和 50000G 高加速度冲击台，通过国防科工委组织的专家鉴定。

2006 年，对于王孝忠和东菱来说，无疑是个重要里程碑。2006 年在东菱诞生了世界上最大的 35 吨振动台。此后，东菱的产品以其颇高的性价比，出口到 36 个国家和地区，而这些国家和地区几乎包括所有西方发达国家。

2011 年，东菱自主研制成功 50 吨推力超大型电动振动试验系统。该系统为世界首创，单台推力全球最大，综合技术指标达到世界领先水平。

在短短的十多年里，东菱科技连续缔造行业神话，成为世界振动行业的后起之秀。东菱科技的存在，让中国成为继美、英之后的振动行业第三大国。

目前世界振动台制造的王牌企业英国菱公司所能生产的最大推力的振动台仅为29.5吨，日本AKASHI公司的35吨电动振动台满推力工作时间有要求，而东菱的50吨振动台在满推力时却可以长时间连续工作。现在说中国人第一个登上了当今世界超大型电动振动台系列技术的最高峰，应该是包括东菱的竞争对手们也不太好怀疑的时候了。

四

在东菱公司入门大厅处有很醒目的一行字——"容：包容、宽容、兼容""融：融合、融化、融通"。王孝忠对这两个字，是有着深刻、独到的见解的。做人要"容"，把自己容量放大，能忍得住，心胸就大了；做事要"融"，追求大格局、大平台、大融合。

难能可贵的是，作为一位企业家、掌舵人，王孝忠已摸索出一套富有东菱特色的企业文化体系，并发挥了重要的引领和促进作用："服从道理，不屈从权威"的管理理念，"把企业当家一样经营，把产品当孩子一样培育"的经营理念，"质量是衡量我们素质的唯一标尺"的质量理念，"东菱平台，社会舞台"的全局理念，"是中国人、树中国魂、做中国事、强中国芯"的企业精神，以及"以人为本，五讲四美，内聚人心，外树形象，生生不息"的企业文化，都为公司的永续发展提供不竭的动力，也处处体现着"正能量"的传递和弘扬。

这些理念并不只停留在口号上，而是已在工作中得到了充分体现和显著收效："质量部"在大家为大家的理念引导下，融入了体系认证等大服务内容，已成为公司的创收部门；"生产部"直接参与市场，做到谁生产的产品，谁就要为用户服务，实现了用生产、市场的手段来推进公司经营……公司刚结业的第一批复合型人才培训班，通过内部培训、轮岗等手段，让

王孝忠在对员工进行指导

每个员工多掌握了 2—3 种技能，最好的甚至已成功复合到了 6 种技能。在人员不增、岗位不增的情况下，把员工的技能、绩效扩大了 2—3 倍！

从衣着打扮，你会很难想象他就是全球振动界知名企业集团的老总。王孝忠不追求物质生活方面的享受，比较随意，不穿名牌，开普通车，住普通房，他爱人骑的还是助动车。他基本每周有 6 天时间是在公司，偶尔休息的时候，就去逛逛农贸市场，买点新鲜蔬果，或者去周边的乡下走走，呼吸一下新鲜空气，享受原生态的生活。

但是，在他所从事的事业上，有专心致志、一心一意的执着。也只有这样，才能把事业做好。他的精神财富比物质财富远远大得多，虽然不是专家，学历也不高，却在很多行业学会、协会中担任要职，也经常被大学邀请去授课。能在这个平台上，为国家的发展、民族的进步贡献一份力量，这是他最感欣慰的。

从"东方之菱，民族之星"到"东菱振动，振动世界"，从"造振动精品，创国际品牌"到"中国振动的骄傲，科技创新的沃土"，东菱已成了中国乃至世界振动试验行业的火车头，成了全球高端装备制造业环境与可靠性试验系统的"超级保姆"，成了"中国梦、创新梦"——"从制造走向智造"的民族企业样本，成了中国创新发展的历史缩影……

站在行业领先位置后，王孝忠并不认为东菱未来就没有发展空间了。他提出的发展战略，一是往微、往精方向发展，二是往复合方向发展。他信心满怀地说："把振动发展过程中的一些共有技术提炼出来，明天我们可以拓展更多的平台。"

王晗：破解斑马鱼的生物钟奥秘

2012 年 "苏州市十佳魅力科技人物"。是世界上第一批用斑马鱼来模拟人类疾病的科学家之一，我国生物钟研究领域第一个国家重大科学研究计划（973）项目的首席科学家。

王晗，2009 年 9 月受聘为苏州大学特聘教授，2010 年入选首批江苏特聘教授，2011 年任苏州大学生物钟研究中心主任。率先在国内研究斑马鱼生物钟调节的分子遗传和基因组机制，建立第一个斑马鱼生物钟基因无效突变体（per1b）反转录插入突变体，揭示了生物钟在注意力缺陷多动症（ADHD）发病机制方面的调节作用以及生物钟对自噬调节的新机制。建立第一个也是唯一一个人类肝性红细胞生成性卟啉症（HEP）动物模型，即 yquem/urod（−/−）HEP 斑马鱼；运用第一代斑马鱼 DNA 微阵列以及原位杂交等技术，成功地发现这个 HEP 斑马鱼模型由于尿卟啉原脱羧酶（UROD）缺陷而导致的血红素缺陷能明显地下调一组胰腺肽前体（酶原）基因，揭示了 HEP 患者可能会有胰腺问题的新机制。参与建立了第一个利用斑马鱼启动子驱动 GFP 斑马鱼转基因品系。成功举办了多个高端国际学术会议，包括 2015 年冷泉港亚洲生物节律会议和 2016 年第 29 届国际时间生物学大会。

王晗

一

"万物皆规律，有法天下和"，在这五彩斑斓的自然世界里，所有的生物都遵循着它们惯有的自然法则。其中，生物钟就是一个很神奇的规律现象。

或许，我们常常会有这样的疑问：为什么没有闹铃，我们却能每天按时醒来？为什么雄鸡啼晨，蜘蛛总在半夜结网？为什么合欢叶总是迎朝阳而绽放，而夜来香总在夜里独自芬芳？生物体的生命过程复杂而又奇妙，生物节律时时都在演奏着迷人的"节律交响曲"。

面对这样一部神奇的"交响乐章"，有这样一位学者，他从植物生态学的探寻中走来，追寻过生物的演化足迹，一直到他遇上那只"小小的斑马鱼"，并将它与人类的生物钟研究紧密联系起来。从此，他的生命里多了许多创造的快乐。他就是我国生物钟研究领域享有世界声誉的著名学者，苏州大学生物钟研究中心主任王晗教授。

作为世界上第一批用斑马鱼来模拟人类疾病的科学家之一，王晗曾和

研究同伴们用斑马鱼的基因表达系统驱动绿色荧光蛋白做出第一例转基因品系，他较早地探索斑马鱼的生物钟运转的分子遗传机制，并且也由此成为我国生物钟研究领域第一个国家重大科学研究计划（973）项目的首席科学家。

细细数来，王晗与斑马鱼的结缘历程已经有近二十载，别看他已经是行业里赫赫有名的专家，但他与斑马鱼、生物钟研究的结缘历程，其实都是偶然的。

天门中断楚江开，碧水东流至此回。安徽也是自古物华天宝、人杰地灵的地方。

王晗自小聪明灵颖，热爱大自然。打小，王晗就是个爱读书的孩子，自己内心有学习的动力，从小学到初中一直就是第一的那类，直到全县集中所有学习成绩拔尖的学生一起迎接高考。王晗自责甚深并深以为憾的是高考考砸了，在 1980 年高考还只是 5% 录取率的前提下他还是考上了安徽大学，其实已经很了不起了，但是他本来对自己的期许更高。

王晗没有如愿以偿进入物理系而是被分配到了生物系，还没有轮到他情绪起来，就听说了那时流行的名言——"21 世纪是生物学的世纪"。这话的前提是，以 20 世纪而言，说它是物理学的世纪恐怕并不为过。但是世界的确被这句名言言中，这倒并不是说生物学是现在热门的，而是当生活中随处可见的食品工业、医药工业的产物产品，当医疗、运动、健康这些名词从"技术改变生活"这样的技术工程中脱离出来，当环境污染、公共卫生、疾病流行、食物药品有毒等这样一些概念在生活中层出不穷的时候，生物学包括医学在内的一类广泛的基础性学科就变得非常重要和显眼了。

刚刚进入生物学学习领域的王晗被这句话深深打动，激起了极大的学习热情。他时常跟着老师徜徉于祖国大江南北山川林间，长江流域去了，东北草原去了，川藏高原去了，贵州深林去了，新疆荒漠也去了，自此开启了他一段漫长的自然生物学习历程。

二

从本科时在安徽大学攻读植物学，到硕士研究生时在中国科学院攻读生态学，再到博士时在美国密歇根州韦恩州立大学研究植物物种的形成演化，一路坚定地攀爬象牙塔，王晗都是在植物研究领域里提升自己。虽然收获满园硕果，研究也进行顺利，但隐隐间，不容易满足的他总觉得多多少少有遗憾的地方，他发现自己所做的东西好像还是一直停留在宏观表面，而忽略了内在的分子机制。于是他开始关注起生物的演化发育机制，而研究这一领域，斑马鱼恰恰是非常好的切入点。

带着这一想法，他与林硕教授联系上。林教授是华人里进行斑马鱼研究最早的科学家之一，而且经历也与王晗相似，早年也从事植物研究，因此一拍即合。

1996年，博士刚毕业的王晗立即前往美国奥古斯塔市（Augusta）佐治亚医学院追随林硕教授从事博士后研究工作。就此，开启了王晗与小小斑马鱼的不解之缘，并且一发而不可收。

1998年，怀着对斑马鱼发育演化（Evo-Devo）研究的憧憬，王晗很幸运地到俄勒冈（Oregon）大学约翰·波斯尔思维特（John Postlethwait）实验室开始了他的第二个博士后研究工作。俄勒冈（Oregon）大学堪称斑马鱼研究的圣地，盛名卓著。

而这，也是他从事斑马鱼生物钟研究的开端。在俄勒冈大学从事博士后工作的时候，一次偶然机会他听取了著名生物节律研究学者史蒂芬·里珀特（Steven Reppert）的讲座报告。里珀特教授的精彩报告极富感染力，王晗对"生物钟"产生了浓厚的兴趣，与"生物钟"的不期而遇，让王晗在斑马鱼的研究中开启了一段新的历程。

20世纪90年代时值生物钟研究发展的黄金时期，从对现象的研究到对基因机理的研究，从果蝇模式到小鼠再到人的模式研究等，无论是在研究内容上还是在研究手段上都获得了很大的突破。当时《细胞》《自然》

和《科学》等世界著名科学期刊频频刊登这一领域的成果文章，关注度极高。

能不能利用斑马鱼这一模式生物鱼来研究生物钟呢？

细心的王晗很快就发现在生物钟这一研究领域里，还很少有人利用斑马鱼来作为研究模式。他想：如果我沿着导师本来就已经很强的方向做研究，固然因为站在巨人的肩膀上而保持领先，但趋于同流；如果我在保有自己研究优势的同时去开辟另一个研究方向，会不会迎来一片更广阔的天空？

向来很注重独立能力培养的约翰·波斯尔思维特教授非常鼓励和支持他的想法。

随着研究的深入开展，2003 年，王晗到美国俄克拉荷马（Oklahoma）大学担任助理教授，在那里建立了自己的斑马鱼实验室。至此，他的研究步入了发展收获期。

众里寻他千百度，蓦然回首，那人却在灯火阑珊处。

对王晗来说，自己虽然在漫漫求索的道路上兜兜转转，但很幸运的是最终找到了自己中意的研究方向。这既有偶然之中的幸运，但其实是他多年积极探索的必然。

三

爱因斯坦说，兴趣是最好的老师。王晗深以为然的是，只有热爱才是最好的老师。

王晗所从事的研究工作，或许对别人来说很辛苦，每天花十几个小时在实验室，周末也在，但因为感兴趣、热爱，所以他并不觉得辛苦，反而以此为乐，乐此不疲。他常对学生说，做任何事都要付出。幸运的是我所要做的，是发现大自然的秘密，它神奇而有意义，哪怕衣带渐宽，我终不会后悔。

正因为抱着这样的心态，他每天快乐地工作，斑马鱼就是他的至爱，就是他每天快乐工作的亲密伙伴。

王晗养鱼房

　　斑马鱼因全身布满多条纵纹犹如奔驰于非洲草原的斑马群，故得斑马鱼之美称。它是世界公认的新兴的模式脊椎动物。与小鼠相比，它具有体外受精、胚胎透明、体外发育、胚胎早期发育快和易于大量获得样品等独有的特点。一条雌性斑马鱼一周可以产几百颗卵，一颗受精卵3天内就完成了人类漫长的"十月怀胎"历程，而且成年斑马鱼只有半个小拇指大小，养斑马鱼很省空间；同时，大约70%的人类基因都与斑马鱼基因相关，而84%的人类疾病基因都有一个相对应的斑马鱼基因，作为模式生物的优势很突出，通过研究它可以揭开人类身体的很多奥秘。

　　王晗在跟随林硕教授从事博士后研究期间，一开始是借助斑马鱼来研究卟啉症的，也就是俗称"吸血鬼病"的血液病。得这种病的人就像吸血鬼一样不能晒太阳，并伴有吸血冲动。通过观察大量样本，王晗找到了同样怕光的斑马鱼，建立了第一个也是唯一一个人类肝性红细胞生成性卟啉症动物模型。这一重要成果为该领域研究做出了重大贡献，首次证实了斑

马鱼用来研究人类疾病的可行性，研究论文发表在著名杂志《自然遗传学》上，反响巨大。

用类似方法，王晗和他的研究团队采用反转录病毒插入，获得了一个斑马鱼主要生物钟基因 per1b 无效突变体，该突变体表现出了类似人类多动症的行为，也就是运动量比其他鱼多一倍的"多动鱼"，从而揭示了注意力缺陷多动症发病的新机制，并由此发现多动症原来和生物钟有关联。通过该项研究，他们建立了斑马鱼注意力缺陷多动症动物模型，为大规模筛选注意力缺陷多动症药物提供了重要的材料。这一研究成果发表在美国神经科学学会官方会刊——《神经科学杂志》上。紧接着，他们进一步利用 TALEN 技术建立了 per2 突变体，阐明了 per2 在斑马鱼生物钟调节中的双重作用。最近，王晗研究团队通过对另外一个生物钟基因 rev-erba/nr1d1 突变体的分析，阐明了生物钟对自噬的调剂新机制。

喜欢科幻片的人一定会对绿巨人——怪物史莱克印象深刻。王晗和他的合作者曾经通过建立起第一个利用斑马鱼启动子驱动绿色荧光蛋白斑马鱼转基因品系，将斑马鱼的红细胞变成绿色的，从而得到绿血斑马鱼，在当时非常轰动。

随着这一系列研究的不断深入，王晗完成了从一名协作者到能够独当一面的研究员的转变，通俗的说法就是学徒满师了，亦即是从一个科技工作者成了一个科学家了。王晗感到欣慰的莫过于看到自己的科研成果最终能够服务于人类，为人类造福。

坚持也好，执着也罢，王晗自己总结归纳了几条，作为自己的座右铭：

"不要觉得自己有多么了不起。山外有山天外有天，坐井观天井底之蛙是不行的。"

"不能期望太高。好高骛远跌得就重，心存志远务实求进才是正道。"

"抓住每个机会。认认真真踏踏实实做好眼前每一件事。"

他津津乐道乐此不疲，感慨着当一个科学家是一个很好的职业，往大的方面说，是得到社会的尊重，探索自然与人类的奥秘，激发后人对科技的了解；从个人角度而言，是做自己喜欢的事，很多很多的人是没有这样的机会和工作状态的，此外，每过一两年的同业同行聚会令人兴奋也令人期盼，可以通过交流，分享领域内最新的发现和进展。

四

科学是无国界的，但是科学家是有国界的。

从 1991 年跨出国门直到 2009 年回国，漂泊在外近 20 年，王晗早已为自己事业和生活打下了坚实的基础。原本在海外的生活可以继续无忧无虑地发展下去，但一颗想要停靠的中国心，以及国内相关领域的发展前景，让早已过不惑之年的王晗在 46 岁的时候义无反顾地选择了回国。

其实，不管是因为妻子女儿在美国生活的不适应不习惯已然先期回国，自己孤独一人的异域飘零；抑或作为一个生物科学权威，像很多在美国移民或者绿卡的科研人员、工商高层一样碰到"玻璃天花板"的瓶颈困顿与前程迷茫；或者国内同行科学家的邀请安排与有关部门的联系落实工作；还是因为出发不忘初心，一颗时时想着报效祖国的拳拳赤子的滚烫火热之心，这些，都没有足够的能量可以终止王晗痴迷的对于正在从事的科研课题的研究。

儿行千里母担忧，知子莫若母。老母亲电话里对王晗说："儿子啊，你也该回家了，出国的愿望也实现了，去了那么些年，也应该算过足瘾啦！"母亲的声声呼唤，让王晗一时间恍然，因为读书，从初中开始到镇上，以后又因为高考，全县的优秀学生都上县中，以后上大学，再到北京念研究生，再到美国 17 年，真是白驹过隙岁月如梭，离开父母已经太久太久了，这一晃，已经差不多 30 年了。

当然，客观上也是机缘巧合，恰有一位学友在苏州大学工作，携家带口前往探望的王晗一家都很喜欢苏大的氛围，恰逢这所底蕴深厚的巍巍学

府意欲在遗传学和基因组学领域有所发展，一拍即合，成就了王晗的回国之程。

2009年，带着满身所学，王晗回到了祖国，继续从事斑马鱼生物钟研究。

打道回府，落户苏州。王晗虽然没有回安徽老家不在父母身边，来来去去也还有点路程，但是现在社会通讯交通发达便利，何况和够不着握不着的遥远的美国比较起来，这就根本不叫距离。

令王晗更沾沾自喜的，是6年前回国的决定至今想来很正确，他现在的实验室无论规模场地资金人员条件设施都超过美国三倍以上。

"养天地正气，法古今完人。"苏大一直在继承前人丰厚底蕴的基础上致力于创新发展。王晗到学校后，学校给予了他大力支持，包括出资进行平台建设、组建团队等。2009年9月，王晗受聘为苏州大学特聘教授，2010年入选首批江苏特聘教授，2011年起，任苏州大学生物钟研究中心主任。在他的主持下，苏州大学建立起了江苏省最大的具备大规模生产和繁育斑马鱼能力的斑马鱼研究平台（大约有1800个养鱼缸），并且成功建立了多种转基因技术、基因敲除技术、高通量DNA测序和分析技术以及显微成像和分析等技术。经过数年的努力，他们成功制备了世界唯一的全套已知斑马鱼生物钟基因突变体库，并揭示了其基本调节机制，填补了国际学术研究十多年的空白。

王晗还先后主持了国家高技术研究发展计划（863）项目研究任务团队、国家自然科学基金重点项目和面上项目、江苏省生物钟研究创新团队等。2012年5月，他以首席科学家身份领衔我国生物钟研究领域第一个国家重大科学研究计划（973）项目——"生物钟在生殖系统与发育中调节的机制"研究。

生物钟失调会对人体的健康造成严重损害，例如睡眠紊乱、免疫力下降、肿瘤易感性增加以及导致生殖健康的疾病。据不完全统计，我国平均每八对夫妻中就有一对遭遇生育困境，不孕不育人群比例上升至10%—15%。世界卫生组织预测，继心脑血管病和肿瘤之后，不孕不育将成为威

研究团队集体照

胁人类健康的第三大疾病。这也是王晗致力于此项课题研究的意义。今年该项顺利结题，项目组已寻找到生物钟基因紊乱与男性生殖障碍相关的直接证据；证实生殖轴相关激素、激素合成基因，均可从生物钟角度切入，调控其表达；他们也确认了人为改变环境，可致使猕猴生殖系统、生理周期紊乱的事实。

由于王晗的国际背景，他在苏州大学建立起的团队成员外文写作和国际交流的能力都很强。在他和新团队成员的努力下，苏州大学生物钟研究中心已经在国际上打出了"名片"，先后有多名世界著名生物钟研究专家学者来到苏州考查，交流研究成果，协商合作事宜。2015年和2016年，王晗在苏州成功举办了亚洲和世界最高规格的生物钟研究专业会议。

王晗更大的希望是有更多的人、更多的年轻人来一起品尝揭开生命奥秘那最原始、最单纯的快乐。

兰青：在医术和艺术的人生中前行

2009 年"苏州市十佳魅力科技人物"。凭借精湛的"锁孔"技艺，让世界神经外科为之叹服，被誉为中国脑神经外科手术界"锁孔王"。

兰青，苏州大学附属第二医院科主任、教授、主任医师。36 岁即成为我国神经外科最年轻的博士生导师。现为中华医学会神经外科学分会常务委员、江苏省医学会神经外科学分会主任委员、中华医学会神经外科学分会脑血管病学组副组长、江苏省抗癌协会神经肿瘤专业委员会主任委员、苏州市神经外科专业委员会主任委员，江苏省医学领军人才、苏州市医学领军人才，获得卫生部有突出贡献中青年专家、全国先进工作者等称号。

以锁孔技术为核心，他带领团队在省内率先开展了神经内镜手术，改变了脑积水等手术模式；率先进行了术中导航、术中 CT 影像引导的多模态复合手术，极大提高了手术精准度；在苏州市率先开展血管内介入手术，为脑血管病患者提供最合理的治疗方案；最先引进神经电生理监护技术，有效保障手术的安全性。各种微创技术的融合，构建了神经外科手术的微创技术平台，打造出一支符合新世纪科技发展的技术硬、服务好、创新强的劳模团队。2011 年学科成为江苏省医学创新团队，2014 年成为苏州市劳模创新工作室，2015 年成为中国神经外科首批住院医师规范化培训基地。团队内人才辈出，3 人担任专业方向的全国委员，3 人担任省内专业学组副组长。近年来，他还带领团队开辟了缺血性脑血管病的外科治疗，脊柱脊髓疾病的微创手术，神经电刺激治疗帕金森病、癫痫及植物人促醒等新领域。

一

"原先脑部手术要先剃光头，拿下颅骨至少手掌大。如今既不用理发，切口也就指甲盖大小，患者康复很快。"兰青教授形象地描述什么叫"神经外科锁孔微创手术"。

出身于医学世家的兰青，从小耳濡目染父母为医疗卫生事业的无私奉献，立志要成为一名为百姓解除病痛的良医，也更加深知"医之为道，当至精至微，明辨而行之"。1987年，兰青从苏州医学院医学系毕业，刚开始分配在苏大附一院工作，1990年调到苏大附二院，一边攻读硕士一边当主治医生。当时连他在内，神经外科只有5位医生，工作很忙，基本上是一天隔一天值班，除了临床工作之外，就在实验室进行科研。虽然兰青是苏州本地人，却经常睡在实验室，夜以继日地忙碌着。

机遇总是垂青于好学上进、踏实勤奋的人，参加工作的第三个年头，他就脱颖而出，主刀完成了当时国内刚起步的垂体瘤经蝶手术。1996年，兰青被医院派到日本昭和大学学习颅内动脉瘤手术。他在日本学习的时候，白天观摩手术，默记手术步骤，夜里就到图书馆翻阅相关的医学著作。一年里，他把图书馆里的神经外科专著读了个遍，每本书上的借阅卡都留下了他的签名，还用省下来的钱复印了大量医学资料。一年中，他每天都很充实，因为每天都有收获，最后满载而归。回国时，其他行李一概托运，唯独一只装满了资料的大纸箱一刻不离身，兰青说："这里面装的可是最宝贵的财富啊，丢不得。"学成归来，他的技术很快就有了用武之地，成功开展了多例复杂动脉瘤手术，甚至是国际上报告为数不多的蛇形动脉瘤。

1999年，兰青师从世界著名的颅底神经外科大师 Kawase 教授，刚见面导师就说："35岁是大有作为的年龄，我35岁就有了国际公认的 Kawase

兰青

冠名入路，你同样可以大有作为。"名师的鼓励使兰青信心百倍地投入了对高难度颅底手术的攻关。名师出高徒，颅底外科的难关很快再次被兰青攻克。

同年，德国 Perneczky 教授出版了锁孔神经外科手术专著，在国际神经外科领域引起轰动。在日本学习的兰青想方设法买到了这本书，如获至宝，他充分认识到这一技术的价值。2000 年初只身飞往德国，师从 Perneczky 教授学习锁孔显微手术和神经内镜手术。

"这种全新的术式实在令人震撼，它只要通过很小的骨孔就能进行头部手术，手术创伤之小、手术时间之短、术后康复之快，让人难以想象。当时我就下定决心，一定要把这门绝技学到手、带回来。"为了学习这个技术，他过着手术室、图书馆、学术报告厅"三点一线"的单调生活。德国的冬天白天特别短，兰青往往天没亮就出门，天黑了才离岗，连续数天都见不到阳光成了他的生活常态。经常一天八九台手术同时进行，为了在各个手术间交替观看各手术的关键环节，他宁愿饿着肚子不吃午饭，也要"赶场子"学本事。

2000 年夏，兰青终于学成归国，锁孔技术在中国开花结果。扎实的脑血管病及颅底手术基本功，使锁孔技术在他手中得心应手，并不断创新，取得了极大成功，达到国际先进水平，兰青也被业界誉为"锁孔手术第一人"。他说："别人怀疑，我坚持，最终证明我正确，这就是科技最动人的地方。"

如今，兰青已完成锁孔手术 2000 余例，尤其在复杂动脉瘤、颅底肿瘤、脑干肿瘤、松果体区肿瘤等高难度手术中取得巨大成功。他说，在锁孔技术下完成一台复杂颅脑手术，就像完成一件精美的工艺品一样让人陶醉。锁孔手术使神经外科进入了微创手术的新世纪，颅脑手术已能在一个指甲盖大小的骨孔中进行，手术切口隐藏在眉毛或发纹之间，微创使手术快、损伤少、康复早、费用省，彻底改变了神经外科剃光头、大骨瓣的手术方式。

2006 年，兰青的锁孔手术研究成果发表在国际著名期刊 *Surgical Neurosurgery*，获得杂志主编高度好评，认为这篇优秀论文的结果，无论以任何标准来看，都是优异的。相关论文在国际上的高引用率，使兰青连续两年（2014 年、2015 年）入选 elsevier 发布的中国高被引学者榜单，成为中国医学领域 110 名最具世界影响力的学者之一。

随着声名鹊起，兰青多次应邀在国际学术大会上作专题报告或特邀发言，并当选为世界神经外科联合会（WFNS）脑血管病治疗委员会及神经内镜委员会委员、国际微创神经外科学会执行委员及亚洲神经外科学会执行委员。2007 年在苏州召开了第七届国际微创神经外科大会，这是该国际组织第一次走进中国，充分表明了我国神经外科锁孔手术等技术得到世界的认可及享有的国际盛誉。

二

　　兰青是声名贯耳的"锁孔王"，更是数十年如一日辛勤工作的"钢铁战士"。在病人眼里，他就是"在世的华佗"；在同事眼里，他是学术前沿的领头人；在学生眼里，他又是一个良师益友。身兼数职的兰青，工作占据了他几乎所有的业余时间，每天晚上七八点钟才最后一个下班离开科室，回家之后还继续工作，记录资料、总结经验、撰写论文、编写专著、科研设计、学生指导等。连春节期间都没和亲戚朋友吃上几顿饭，验证了微信朋友圈中流传的"请医生朋友吃饭最难"的说法。

　　"星期四上午手术一台，下午手术一台；星期五，手术两台；星期六，手术两台；星期天，手术两台……"兰青的日程表都排得满满的，通常一两个月内的周末已无空暇。生病了，他也"轻伤不下火线"。由于长期劳累，几次眼球结膜出血，肩背上贴满了止痛膏，还随身携带膏药，时刻准备着为了解除他人病痛，自己忍痛上阵。"跟那些病人的病痛相比，我这算什么？"

　　每年都有很多患者从全国各地慕名而来，还有美国、中国台湾等地的同行来向他"取经"。用来自内蒙古的祁大叔的话来说："能到苏州找兰主任看病，千万里也值得。"兰青的妙手不仅治愈了祁大叔被误诊为脑部恶性肿瘤的身体，更像一抹阳光温暖了患者及其家属的心。祁大叔出院时说："兰医生很伟大，病房里的所有病人都说兰医生好。"

　　"凡为医者，性存温雅，志必谦恭，动须礼节，举乃和柔，无自妄尊，不可矫饰。"这是古代名医所说的医德，兰青深以为然。

　　有一年的冬天特别冷，临近佳节寒风刺骨，感冒发烧的市民也越来越多。神经外科手术室里，刚刚结束了第二台手术的兰青，摘下口罩，缓了缓呼吸，慢慢地坐在椅子上，他看上去有些疲惫，体内的温度正在噌噌地往上蹿……同事们发现了，赶紧给他输液和拿药，输液后一测温度，居然还有40度高温。同事们又心疼又着急，纷纷劝他去休息，都被拒绝了。兰青坚持着："没事，我撑得住。如果手术不做，病人撑不住。"

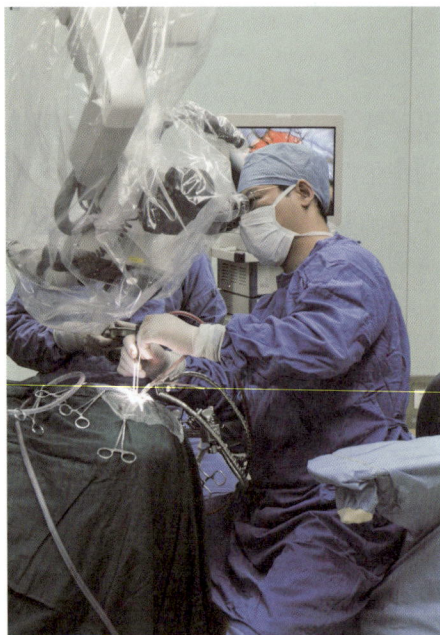

兰青在手术

是的，如果当天不做的话，患者需要过年后才能接受手术，也就意味着患者将忍受更多的痛苦和心理煎熬。面对这种情况，兰青毫不犹豫地坚持上手术。为了防止传染，他给自己戴上两层口罩，使用药物抑制可能的咳嗽……患者手术顺利结束，已是晚上 8 点，兰青已有了轻度肺炎，当天晚上住院输液了。

更让人感动的是，第二天一早，神经外科的门诊室内，依然见到了兰青的身影。也就在当天的专家门诊，一位患者家属得知兰青生病后，扑通一下跪在地上恳请兰青第二天为患者手术，否则就不起来。兰青宽慰道："你赶紧起来，只要我能撑住，明天就为你们做手术。"……

三

古语有云："心不如佛者，不可为医；术不如仙者，不可为医。"兰

青常说："一名良医再尽心尽力也只能服务于部分患者，如果精湛的医技能广为推广，造就出大批良医，就能造福无数病人。"

这些年，苏大附二院神经外科作为硕士、博士培养点及博士后流动站，通过建立神经外科锁孔微创技术示范基地，对锁孔手术进行了大量基础研究，并综合锁孔显微手术、神经内镜技术、神经导航技术、血管内介入技术、神经电生理监护等，建立了微创技术平台。兰青带领着团队开展的微创手术技术已攻克了破裂动脉瘤、复杂动脉瘤、颅底肿瘤、脑干肿瘤、垂体瘤、颅咽管瘤、松果体肿瘤、颅内巨大肿瘤等各个手术难关，挽救了大批患者的生命。

"我们每年都举办全国神经外科微创手术学习班，近年来先后在福州、广州、沈阳、呼伦贝尔、北京等多个中心城市进行锁孔手术技术全国巡回推广，来自全国各地的千余名医生接受了培训，有不少医生已成为当地神经外科学术带头人。"

在兰青的心里，当一名好医生，严谨的工作作风最为关键，因为医疗不允许出半点差错。医生的小失误，对患者可能就危及生命。人身体上的每一个"部件"都极其重要，再细微的地方都有其功能，有其存在的价值，都必须高度重视。外科医生严谨的工作作风哪里来？"这都是平时锻炼出来的，平时严格要求，做好每一件小事，上了手术台就会一丝不苟地做好手术这样的大事，每一天的日常工作习惯都能直接反映出外科医生做手术时的技术水平。"

为了培养一名好医生，兰青制定了严格的规则，他自己带头，并要求科室的每一位医生都严格执行。每天早晨7点45分交班，绝不允许迟到一分钟；病案文书杜绝文字错误；手术前，手术方案需详细讨论认证；手术后三天内复查手术效果，总结手术经验……

在他眼中，没有程式化，没有千篇一律，病患的需求在他脑海里就是三个字：个体化！这种以人为本的工作方法甚至细到对术前剃发多少的考量。在他眼中，没有照搬照抄，更来不得半点虚假，他以审视公文的眼光来修改学生们的论文，这种在科学面前求真务实的态度甚至小到纠正一个标点符号。有人不解于他的这种审慎，困惑于他的这种苛刻，可是这种审慎、苛刻不正是对病患高度负责、对科学高度严谨的体现吗？健康所系，性命相托，这才是细微处见精神，这才是小锁孔中开辟大乾坤。

兰青深信："如果每一位从医者能够重视每一个细节，做好每一件细微的小事，在医疗工作中尽心、尽力、尽职，医生的信誉就会跟着来。有了良好的信誉，相信医患纠纷自然就会减少。"

2015年仲夏，兰青再一次站在了前沿技术之巅。随着3D打印技术的大显神通，他再次敏锐地捕捉到这一技术的价值，3D打印技术肯定会成为神经外科医生手中的"神器"。与清华大学生物制造工程研究所合作研发了3D打印颅脑模型，精美的模具如同艺术品一般，可用于解剖教学，可用于术前高仿真模拟手术。这种高精度个性化的模拟手术一直是外科医师向往的重要手段，能极大地提高手术疗效，缩短手术时间，给广大病患者带来福音。相关技术可形成以个性化诊治为基础的新型产业，具有广大的产品市场。

业务上精进，专业上有建树，省内外大医院向他频抛"绣球"，可兰青一直坚守在苏大附二院神经外科，还成立了兰青劳模创新工作室，致力于锁孔微创术的临床运用及探索研究。

在充满毅力、拼搏与艰辛的医学事业中，兰青把整颗心都无私奉献给了神经外科事业和他的患者，曾经医院最年轻的博导，如今鬓角已然青丝变白发，而他无怨无悔。

在医术与艺术相结合的人生中，兰青还在不断迈进。

刘青华：引进一条鱼　带动一个产业

2012 年"苏州市十佳魅力科技人物"。将美国鲋鱼引进中国，在世界上首创鲋鱼"仿生态工业化养殖和繁殖"技术，成为复活"中国鲋鱼"的生物学家，指导农户养殖鲋鱼，引领鲋鱼养殖产业和相关研究的发展。

刘青华博士，毕业于美国孟菲斯大学，中山大学兼职教授。1988 年作为访问学者前往美国农业部研究所，从事生物技术研究。刘青华博士在美国和中国从事水产养殖专业的研究和教学，已有三十多年经验。从业以来，长期从事水产养殖新品种养殖生物技术和智能型 RAS 繁育系统的学术研究和技术推广，共发表 20 多篇论文，拥有 20 多项专利。2012 年，成为国家"千人计划"特聘专家。

一

刘青华是"文革"结束高考恢复后的第一届大学生。

这个从小在青岛海边长大的孩子，尽管与浩瀚无边的大海朝夕相对，但大海汹涌的波涛下神秘鲜活的生命却一直强烈吸引着他。

中学后，刘青华成为下乡知青。在农村生活了一年多，年仅十七八岁的他便深刻体会到生存的艰辛。1977 年，传来了高考恢复的消息。浑浑噩

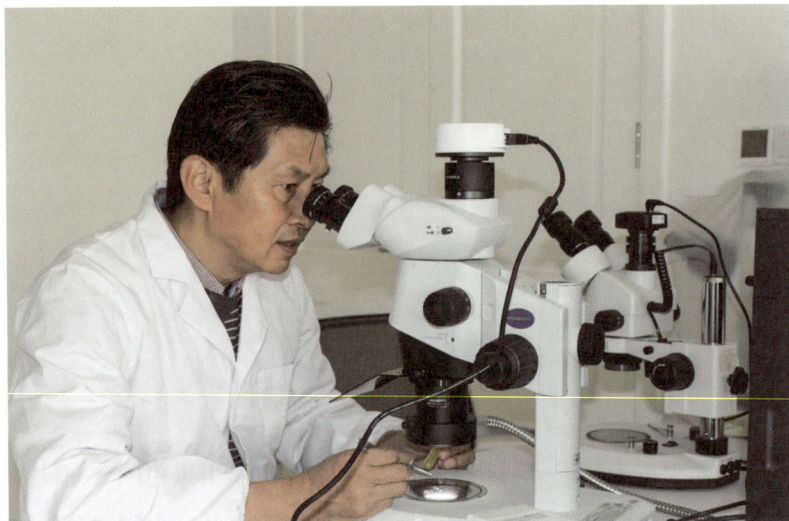

刘青华工作中

噩的刘青华终于看到了人生的曙光——若想离乡返城，高考无疑是绝佳的途径。

刘青华从小就是班里的尖子生，底子好，加上勤奋刻苦，考大学对他而言并不算难。虽然已被生活磨炼了一番，身上也多多少少镌刻着那个时代的烙印，但难得的是，刘青华依旧还是当初那个对大海充满神往的小孩。他原本想报考青岛海洋大学（今中国海洋大学）的海洋生物学专业，回到故乡，延续童年未竟的梦。然而当时国家百废待兴，高考也不像后来那么规范。不知何故，分数很高的刘青华未能如愿进入理想中的大学，而是被大连水产学院（今大连海洋大学）录取了。

那时候的刘青华对水产专业还没什么概念，但好不容易从农村考出来，自然格外珍惜这来之不易的读书机会，也就坦然接受了。

由于是"文革"后的第一届大学毕业生，各高校都优先为政府和各大研究所输送人才。刘青华在这一届学生中是属于比较年轻的，又是尖子生，学校便打算将他分配至国家农业部工作，将来可以慢慢进入农业部管理高

层。然而刘青华一门心思要搞科研，主动选择了农业部下属的中国水产科学研究院——该院有一个国家级的水产攻关项目强烈吸引着他。

这段时间的工作异常辛苦，每天只能睡三四个小时，强度很大。两年下来，刘青华的身体每况愈下，甚至到了呕血的地步。加之一直没能完全适应哈尔滨的寒冷气候，无奈之下，刘青华便申请调回了青岛。

那时的刘青华虽然年轻，却已获得了国家级、农业部和中国水产科学院多项科学技术进步奖，成就斐然。回到青岛后，领导器重他，同事也敬重他。

离乡多年的刘青华，又能在熟悉的海边观潮听涛了。青岛依旧天蓝海阔，城市的发展日新月异。生活归于平静，他内心的波澜似乎也渐渐平息下来。

二

处于改革开放初期的 20 世纪 80 年代，国门甫开，国外的新鲜事物大量涌入，人们如饥似渴地吸收着新文化新潮流。而中国在社会、经济、文化、科技等方方面面，都与发达国家有着不小的差距。

当时，国家也着手培养第三梯队干部，欲将有才干的青年干部发展为未来的储备干部，以迎接未来全球化的挑战。1988 年，农业部拨出一笔专款，欲保送两名年轻学者到美国访学。那时候出国异常困难，更别说是去美国深造了。刘青华从参与竞选的 16 位青年才俊中脱颖而出，成为"最出色的那两位"中的一个。

是年，按照计划，刘青华作为国家定向培养的访问学者，飞赴美国农业部下属的遗传研究所，开始了为期一年的访学之旅。

这一年间，刘青华充分感受到了国际顶尖科研机构良好的工作环境、浓厚的学术氛围和充足的科研经费。到了美国他才知道，顶级研究所甚至连硕士都不收，更别提他这种普通大学生了。环顾四周，身边的同事都是博士以上学历，这对于成绩一向优异突出的刘青华刺激很大。想想自己自大学毕业后，一直在从事研究、管理工作，根本没有时间和精力进修学历，内心深处的求知欲再次被激发出来。

更令他惊喜的是，美国农业部当时就已在搞未来十到十五年的前瞻性研究。刘青华年轻气盛，充满理想，一直想在鱼类遗传学研究领域取得成就。他在这里学到了很多东西，就想着如果能出一些研究成果，对于今后的成长肯定会有很大帮助。

预定的回国日期渐渐临近。思前想后，刘青华还是决定先留在美国。他想一边继续搞科研，一边借助攻读学位的契机，更加系统地学习专业知识。这一选择意味着什么，刘青华心里很清楚。不但要舍弃以往在国内取得的一切，还要面临一个最现实的问题：钱。这次公费出国只有为期一年的时间，若逾期不回，此后的一切生活、学习费用都需要自力更生了。

1990年，刘青华边继续在美国农业部遗传研究所从事遗传育种和生物技术研究工作，边攻读佐治亚大学的硕士学位。毕业后，又面临着去哪里读博的问题。一位在孟菲斯大学任教的同事，十分了解刘青华的情况，对他也很关切，便建议他考孟菲斯大学。原来，当时孟菲斯大学正好有一个鱼类遗传学方面的项目，如果到孟菲斯读博，就可以争取这个项目的基金。同事的好意刘青华很感激，但仍有些犹豫。

曾经有一段时间，刘青华在德克萨斯大学安德森癌症研究中心工作过，与一位在遗传学研究领域很有名望的老教授一起出了一些成果。在刘青华举棋不定之际，这位老教授也建议他去孟菲斯读博。最终，刘青华靠着遗传研究所的科研基金和孟菲斯大学提供的奖学金，顺利完成了博士学业。

刘青华在国内是党员，也是国家干部，尽管为了学业选择留美，但内心其实一直深爱着祖国。这期间，他仍坚持参加中国驻休斯敦大使馆定期举办的留学生集会。由于去得比较多，渐渐与使馆内的一名教育参赞成为朋友。参赞先生对他关照有加，一直叮嘱刘青华，将来回国后一定要去找他。心系祖国的刘青华，将这事默默地记下了。

1996年博士毕业后，刘青华决定回国探亲。

阔别祖国八年之久，刘青华此次回来，除了探亲访友，还为了却一桩心事——找当年那位参赞先生叙叙旧。

此时参赞先生已调回国内，在教育部任职。见面后，参赞更是极力挽留他，承诺给他安排一所大学的教席，同时提供一笔科研经费。刘青华以为只是客套话，没想到对方真的提供了自己曾经理想的学校——青岛海洋大学的教授职位。刘青华又惊又喜，但碍于自己在美国已有教授身份的事实，就只提出搞科研合作。最后，参赞先生以刘青华的名义申请了一个科研项目，拿到了30万的科研经费——这在当时可是很大一笔钱哪！

真诚如斯，刘青华第一次萌生了回国的念头。

三

接下来的几年，刘青华依旧在美国的研究所和大学里工作。

1998年，中国河北省水产局有一个代表团到美国考察，刘青华负责接待。带团的局长是无锡人，在聊天过程中，他告诉刘青华说："刘博士，中国现在有一条非常好的鱼已经绝种了，很可惜！"原来早在1987年，最后一条鲥鱼在南京消失于人们的视线中后，这个品种就再也没有了踪迹。鲥鱼是"长江三鲜"之一，刘青华听说过，便告诉他，其实美国有一个类似的品种。局长一听，很是兴奋，就问能不能引进到中国。

刘青华是北方人，虽然念书时在文献上见过鲥鱼，但现实中还从没接触过，更别提对它有什么研究了，便答应他先研究看看。那时他在美国已有独立研究室，就跟几位教授同事说，希望能研究一下这个品种。结果发现，这条鱼在美国很有历史。据说，当年华盛顿在独立战争中饥寒交迫，正赶上了鲥鱼洄游。鲥鱼帮助军队渡过了艰难时期。从此，华盛顿对鲥鱼偏爱有加，美国人对鲥鱼也就有了一份特殊感情，每年的繁殖季节都会实行严格保护。

刘青华通过美国鲥鱼协会结识了很多鲥鱼专家，向他们学习鲥鱼知识。

刘青华和美国合作伙伴

在美国，鳂鱼并没有被当作食用鱼类，他们对鳂鱼的研究，更多是由美国农业部的下属机构——野生动物保护组织来做的。在野外抓到鳂鱼进行人工授精，等孵化出来后，再将鱼苗放归自然，目的是保护鳂鱼种群，维持生物多样性。所以，美国在鳂鱼的人工授精、孵化鱼苗方面有着丰富的经验。不过，由于美国人不吃鳂鱼，所以并没有进一步往人工养殖方向发展。

长久以来，美国鳂鱼的保护工作都交给印第安人来做，由政府给予一定的财政补贴。刘青华通过野生动物保护组织，尝试与印第安人接触，最终拿到了鳂鱼卵。从此，就开始投入大量精力进行研究。

接触了鳂鱼之后刘青华才明白，这个品种是有多难"伺候"。它的受精卵的膜很薄，特别容易破，有时即使没破，但只要稍微受伤，就会长水霉，导致一簇受精卵全部粘在一起，所以很难孵化。为此，刘青华特地跑到相关研究所学习，发现美国人使用的是孵化罐，通过调节好的水流，使受精卵既不上浮又不下沉，而是悬浮在孵化罐中，再通过水流的温和力量来刺激受精卵的孵化。其实还是通过自然方式来孵化，而不是人工干预。而我

国还在采用环道孵化,这种孵化技术在过去是最先进的,但随着时间的推移,也就慢慢落后了。一个环道大概几个立方的水体,能容纳成百上千万个受精卵,但是人家一个孵化罐内就能容纳上千万个受精卵,因此二次孵化率要高得多。

所以,用我国传统的孵化方法是完全没有办法孵化出鲥鱼的。刘青华花了两年时间,把鲥鱼的孵化、育苗、养殖等技术都研究透了。

万事俱备。这一次,刘青华终于可以满载研究成果回国了。

四

在以大闸蟹而名动海内外的阳澄湖北部湾一带,坐落着苏州相城区国家现代农业示范区。

驱车从风光旖旎的阳澄湖边的湘石路中段往北,拐入一条平直的乡间小路,两边随处可见成片的鱼塘和农田,远处则是一排高大挺拔的发电风车,一派清新整洁的现代田园景象。前行不多久,便可抵达刘青华的"依科曼生物农业科技有限公司"。

若要述及刘青华与苏州的因缘,还得先从2003年他第一次回国"创业"说起。说是创业,其实那时的刘青华根本就没特别考虑赚钱的事。作为一名有理想的知识分子,一直以来,刘青华都是靠着一个坚定的信念走过来的:希望到年老回顾这一生时,能有那么一两件事情让自己引以为自豪。人们会因为他做成某一件事而由衷地伸出大拇指。

二十多年来,刘青华深深感受到中国水产养殖业与国外发达国家的差距。在美国,每当他看到中国水产品在低价销售时,每当他听得孔雀石绿等药残被检测出来时,感触都非常大。因此,就希望乘着引进鲥鱼回国的契机,推广更为先进的生态养殖模式。

中国人,尤其是长三角地区的老百姓,一直有食用鲥鱼的传统,然而这个品种却灭绝了,很让人痛心。美国鲥鱼肉质细腻,味道香醇,可与中国鲥鱼媲美。2000 年，在谙熟了美国鲥鱼的一整套养殖技术后，准备回国的刘青华开始了为期三年的筹划。首先便是选址。除了孵化难度大，鲥鱼的娇贵还体现在对水温的要求上：夏天怕热，冬天怕冷，需要生活在 10 度以上、30 度以下的恒温水域。一个偶然的机会，刘青华得知，在广东北部与湖南交界的阳山县有山泉水，四季如春，水温四季都维持在 20 度左右，是鲥鱼生长的理想环境。

2003 年，刘青华将鲥鱼受精卵从美国引进到广东。正准备大干一场的他，迎来的却是当头一棒——"非典"肆虐。广东是"非典"的主要疫区，孵化出的鱼苗无法运出广东，而当时他们的主要客户偏偏又远在江浙沪地区，无法销售，导致损失惨重。

虽然鱼苗销售出师不利，但毕竟鲥鱼的市场前景很广阔。凭着这样的信念，刘青华坚持了下来，养殖鲥鱼商品鱼。然而问题依然接踵而至，首当其冲的便是销售问题。刘青华和他的团队先后与中山大学和中科院南京土壤研究所合作过，双方都是科研人员，搞科研很有一套，但对市场营销却都一窍不通。当时有一些中间商主动提出帮助销售鲥鱼，提货价是 100元一斤，中间商却以 800 元、1000 元的高价转卖给批发商、饭店，而且进货时还赊着账，最后甚至连一半的款项都没能收回来。直到后来有一家批发商直接上门联系，刘青华团队才知道自己被宰了！

懊恼之余，刘青华却发现，无论如何，很多人确实因这条鱼发家致富了，甚至诞生了不少百万富翁！于是，"带领农户致富"便成为刘青华团队继续前行的口号和动力。

"要做成一件事情真的很不容易。"这是刘青华的切身体会。由于团队都是大学或研究所的科研人员，大家平时都有自己的科研任务，他自己还时不时要回美国教书，基地的养殖工作就需要有信得过的人来做，刘青华便从北方请了一批工人过来。但由于地域差异比较大，工人适应不了广东的气候和饮食。于是，他索性将基地迁往鲥鱼的主要消费市场——长三角地区，他坚信建立集生产、销售和研发为一体的团队才是成功的基础。

几经辗转，刘青华正式注册成立了一家农业科技公司。2010年，他接手了苏州相城区的一个项目，随着合作深入，相城区领导愈发钦佩刘青华的毅力，加之当时相城区正在阳澄湖镇筹建现代农业示范区，便建议刘青华申请姑苏领军人才计划。随后，刘青华作为科技人才来到苏州，入驻阳澄湖。

对于刘青华来说，创业过程虽然痛苦，但眼见这些技术生根开花，一直梦想的研发型企业已逐渐形成，一个鲫鱼养殖产业让自己带动起来了，一群人也跟着发家致富了，养殖鲫鱼已逐渐进入百姓餐桌，就觉得还是做了一件有意义的事情。

五

"依科曼"是英文 Ecoman 的音译，Eco 为 Ecology 的简写，"Ecoman"意为"从事生态学研究的人"，表达了刘青华想用生态方法从事农业生产的理想。

洄游鱼类的人工繁殖和养殖一直都是世界性难题，因为它们在各个生长阶段所需要的食物、水温、盐度等生态环境都不一样。鲫鱼尤其如此，它稀鳞娇嫩、性情急躁、容易受惊，成活率很低。2009年，经过反复试验，刘青华集成遗传选育技术和温室生态工程技术，终于突破了鲫鱼人工繁殖的技术难关，成功建造了鱼类仿生态繁育场，在世界上首次实现养殖鲫鱼亲本的人工繁殖。同时，他还研究出适合国情的鲫鱼工厂化养殖模式和优良品系，不仅大大缩小了生产周期，还使鲫鱼的成活率达到了90%以上。

不仅如此，这套鲫鱼养殖模式不用药，是完完全全的生态养殖。以往，养殖户为了提高产量，养鱼的密度都很大，易破坏水质，鱼也就更容易生病，然后不得不用药，形成了恶性循环。刘青华认为，生态养殖最重要的是提前预防，比如夏天温度高，要预先做好遮阳布，因为随着温度的上升，水中微生物的菌种会发生改变；相反地，冬天则需要保温，且低温水中的

依科曼公司

菌种又会有变化。对此，只需用微生态制剂来调节水质，等等。鲫鱼是高附加值的食用鱼，无须盲目追求产量，农户只要控制好养殖密度，学会使用微生物制剂、人工增氧、控制水温等调整水质的技术，鱼就很少生病，也就无须用药了。

经过近几年在江浙沪等地的推广和示范，鲫鱼的人工生态养殖已成功实现产业化。刘青华不光卖鱼苗，只要农户有需求，也会免费提供技术服务。2012 年，基于对鲫鱼产业的贡献，刘青华成功入选国家"千人计划"。"千人计划"是在中央人才工作协调小组指导下，中组部、教育部、科技部、人力资源和社会保障部等 18 个部委共同推进的"海外高层次人才引进计划"的简称，是我国目前最高层次的海外人才引进项目。

虽然已取得不小的成功，刘青华依然很清醒——单一品种的抗风险能力毕竟比较弱。2015 年，他推动完成公司股改，成立"苏州鱼之源生物科技有限公司"，并与美国签订了黄金斑（Yellow Perch）、太阳鱼（Sunfish）、

鳕鱼（Morry Cod）等品种的鱼片出口协议，在洪泽湖投资 3000 万元，准备建成 40 亩的标准化生态养殖基地。

不遗余力地丰富养殖品种，并计划于 2018 年更进一步，推动公司上市。年近花甲的刘青华之所以不肯歇下来，是因为心中有着一个更加长远的愿景。

现在国内做鱼苗生产的企业很多，但是能像他这样形成种质选育系统的却很少。一个品种，通过优选优育来改良种质，这种研究不是一两年就能完成的。刘青华团队采用了分子芯片技术，进行系统的优选优育。这是一种将生物信息和计算机信息相结合的技术。将芯片植入到鱼体内，每条鱼的出生日期、父母是谁等信息都一目了然，同时还可以跟踪和观察每条鱼的 DNA 组成情况，计算机由此计算出它与另一条鱼的 DNA 是否具有互补性，然后自动为每条鱼匹配最优的生育对象。这种做法在美国都很少见，更别提国内了。

刘青华就是这样一个兼怀梦想和实干精神的人。在他看来，生态养殖靠的不是某一环节的改善，而是整个养殖流程的系统衔接。从一个简单的技术过渡到整个环环相扣、紧密相连的系统，才能形成一个可持续发展的健康养殖产业。

美国有一位老教授，历经五十年的时间专心研究三文鱼遗传选育，这种耐心和毅力是常人难以想象的。刘青华一直以此激励自己，希望把单一的养殖产业与科研紧密结合，形成一项源远流长的健康养殖系统工程！

刘继明：耐心地等待

2009 年 "苏州市十佳魅力科技人物"。致力于面向企事业单位的"融合通信"系统自主研发和创新，苏州工业园区自主培养的首位入选国家"千人计划"的企业家。

刘继明，15 岁考入名牌大学，出国留学后进入世界著名的贝尔实验室，在美国实现自己的首次创业梦。归国创业后通过自己及其团队的努力，在下一代企业融合通信解决方案供应领域处于领先地位。2009 年入选国家"千人计划"。作为中国融合通信产业的先行者，他用自己的勇气和品质不断地抒写着人生的精彩。

一

1979 年，在福建，一个从小调皮捣蛋惹是生非打架闯祸的顽劣孩子突然间在稍稍长大的初中岁月里安静了下来，醍醐灌顶如梦初醒似的脑子开了窍，开始热衷于如有神助神机妙算的数学游戏并且脱颖而出，他的名字叫刘继明，才 15 岁，出身于军人家庭，部队大院长大。

此时，他抓耳挠腮冥思苦想，漫步在适合思考人生问题的山丘海滩等等宽阔无垠的地方，正像哈姆雷特一样疑惑着生存还是死亡般严肃地在认

刘继明

认真真思考着一道非数学选择题：何去何从？中国科技大学开办了少年班，专招全国各地那些神神道道天才般的孩子，他是可以破格录取的，年龄限制 15 周岁以下；他的加分，足以让他可以跳级到直接参加高考，与比他大好几岁年级高几届的学长们同台竞技。

这是恢复高考制度的第三年，已经与前两年的高考情况有了显著的不同。

众所周知的原因，1977 年恢复高考，应届高中生没有太多的优势，和前面历届的师哥师姐一样，是抱着要不插队上山下乡要不顶替父母工厂上班的想法，文化课程的学习疏离已久，反倒是那些老三届，多多少少还受到过一些正儿八经规规矩矩的所谓正规教育，荒芜的岁月里无所事事还翻翻弄弄倒是不一定忘，一听说恢复高考立马觉着改变命运的机会来了。

所以，77 级、78 级主要是消化那 10 年的存量，应届生没有来得及及时反应过来，还是个猝不及防。

所以，79 级，不仅是应届生摩拳擦掌蓄谋已久，而且全社会勤奋学习蔚然成风，已经被鼓噪得一派头悬梁锥刺股的浓浓氛围。

尤为蹊跷的是一个民国年代初出茅庐的作家徐迟，这时候写了一篇以后让他名垂千古的名噪一时的长篇报告文学《哥德巴赫猜想》，讲述一个名叫陈景润的数学家攻关证明那道著名的 1+1=2 的世界巅峰难题的故事。全社会群起而哄之效而仿之，中国社会亘古未见前所未有地掀起了一股轰轰烈烈的全民数学热潮。

刘继明的脱胎换骨凤凰涅槃的改变让他火箭般成长，并且获益良多。此时此刻，面对着人生道路的一个极为重要的选择，他的理性让他明智地感觉自己不是陈景润那样的疯狂攻坚克难的痴迷者，表现出了异于同龄人的成熟与狡黠，他是这样想的：如果去少年班，他就是年龄最大的，本来也算是个引以为豪，可是却偏偏一点也没有自豪感，而且自己基础不扎实，可能就偏上加偏；如果去参加高考，他就是年龄最小的，不成功也可以说是笨鸟先飞回头重新来过也为时不迟，也由此可以补补其他，来个全面发展。与其和一帮蓝精灵似的小不点儿天才般小屁孩混，毋宁跟着大哥哥大姐姐后面屁颠屁颠。前者或许术有专攻方面会有斩获，但是就人生的漫长而言可能后者更有益处。

事实证明，刘继明当初一个少年老到的选择堪称明智之举。

后来的情形就是大家都知道的，曾经顶着无数光环荣耀的那些小天才们大都碌碌无为默默无闻悄无声息了，而那些发愤图强按部就班循序渐进勤奋苦学的在各行各业遍地生根发芽开花结果。

刘继明如愿以偿，考取了北京理工大学。

二

四年之后，他顺利地完成了本科学业，拿了学士学位。

一方面是在那个过去年代每个男孩子都有的军事情结，喜欢舞枪弄棒打打杀杀；另一方面，毕竟是红色二代，刘继明的父亲是 1938 年入伍的老革命了，抗日战争的烽火洗礼过，解放战争的硝烟弥漫过，跟随着第三野战军叶飞的 10 兵团从胶东一直打到福建，所以，基因里就带着军队的元素，搞军工，几乎就是个理所当然。毕业之后，刘继明就到了国防科工委下属

兵器工业部的导弹研究所工作，既是一个心心相印惺惺相惜，也是一个冥冥之中因缘际会，既与所学专业相匹配，也圆了少年的梦。

渐渐地,改革开放,出国潮起,影响了年轻人,跃跃欲试的心开始不安分。刘继明再次回到母校念硕士，然后教书，也排着队等名额等出国。结果，1990 年，形势变了，公派、公费，都已无望，于是就联系了自费去美国。

这时，一场经济危机正降临于美国，结束了长达 8 年的经济增长。1990—1991 年的美国经济危机是一次周期性经济危机。导致危机发生的仍然是生产扩大与有支付能力的消费需求之间的矛盾的激化。进入 1993 年，美国经济开始复苏，在几个因素的作用下危机已经摆脱，但制约其经济出现强劲复苏的因素依然存在。

4 年之后的 1994 年年底，刘继明从美国乔治·华盛顿大学毕业并拿到工业工程博士学位，凭借其在最优化算法方面创新性的研究，他的博士论文获得了国际最优化协会三年一评的大奖 Tucker 奖，这份荣誉殊为难得，来之不易。

在美国，一篇好论文的完成，只有两种可能，要不就是靠老师，要不就是靠自己的研究工作，但是研究工作也是要靠老师指导的，所以还是靠老师。而拿了博士学位毕业之后，也是基本两个去向，要不就是在大学当老师，要不就是去研究所，美国有一系列大的研究所，贝尔实验室是其中最好的。刘继明凭着获大奖 Tucker 奖的博士论文，顺利地进入贝尔实验室从事研究工作，让人羡慕不已。

这是一个令人神往的地方，几乎就是一个圣地。

总部位于新泽西默里·希尔的美国贝尔实验室是个如雷贯耳的企业。1925 年，当时的 AT&T 总裁华特·基佛德（Walter Gifford）收购了西方电子公司的研究部门，成立了一个叫作"贝尔电话实验室公司"的独立实体。贝尔实验室的工作可以大致分为三个类别: 基础研究、系统工程和应用开发。自 1925 年以来，贝尔实验室共获得两万五千多项专利，平均每个工作日获得三项多专利。一共获得 8 项诺贝尔奖（其中 7 项物理学奖，1 项化学奖）。

贝尔实验室，这里是很多发明创造和科学突破的诞生地。

这里不仅实力雄厚、条件优越、设施先进，而且还有大师级的科学家、诺奖的获奖者、德高望重的大牌发明者，走廊里不经意间就经常遇到，有的还直接就是同事，这让刘继明欣喜若狂。有幸进入这样一个企业可以说是朝思暮想梦寐以求三生有幸。此时的刘继明，胸中鸿鹄之志，满腔豪情，到这简直就是如鱼得水。

三

如果说 6 年前进入贝尔时刘继明还只算是小荷才露的尖尖角，那么 6 年之后，刘继明就绝对不容小觑了，在业界也可以算得上是有一号的人物了。

2000 年，一家风险投资公司找到了刘继明，自主创业的新天地在向他招手。刘继明毅然离开了贝尔实验室，在离纽约不远的新泽西州建立了一家电信公司，并开发了"软交换"，这既是一个概念，也是一个产品。2001 年，凭借公司的产品，他与深圳中兴通讯合作，开始了在国内的业务。2003 年，中兴想做国际市场，并购了刘继明所在的美国团队，同时开始开拓美国市场。

像刘继明这样的技术主管，在国外打拼到一定程度，都会碰到所谓"玻璃天花板"的发展瓶颈。经济已然不是问题，而他这样的对物质生活也没有太多的追求，只是要有空间让他继续做事。

3 年之后，刘继明深深感到：多年的创业经历让他在市场的大潮中历练了自己，多年来与中国企业的合作又让自己目睹了中国改革开放的激动人心。2006 年，刘继明终于决定结束在美国的工作，回国创业。

创业方向是紧接着的问题，在服务中兴期间，刘继明有机会出访了 40 多个国家，并与当地的电信公司深入交流，从中发现了商机。当时刘继明觉得中国的企业信息化应该很快就要发展起来了，进入这个行业就一定是它还在萌芽状，不能等它真正起来了才进入，那就晚了。

2006 年，网经科技（苏州）有限公司在国际科技园正式成立了，作为

全球技术领先的下一代企业网络解决方案供应商，向中小企业、企业分支机构以及运维服务商提供基于下一代网络通信/IT一体化融合通信系统产品解决方案和服务。

回国创业，首要任务是选址。常年生活在美国新泽西州的刘继明，一眼就相中了苏州园区。

新泽西州紧靠纽约，在那里集中了大量的研发中心，与纽约形成了很好的互补。而苏州园区和上海的关系在刘继明看来正是如此。刘继明第一次到园区已经是晚上了，看了金鸡湖和苏州国际科技园，在原来的机场路上，他看到了"科技新硅谷"的广告牌，顿感亲切，也更让他充满信心。

2007年，刘继明在园区买了房子，太太也辞去了美国的工作带着孩子来到园区，可以说他已经斩断了'后路'，要在园区扎根下去。

四

由刘继明带领创立的网经科技（苏州）有限公司是原创型高科技通信公司，涉及的领域过去在技术市场长期由国际巨头垄断，公司完全白手起家，所以在创业初期遇到了巨大的困难。

而且由于国内企业与刘继明已经习惯的欧美企业不仅在管理思维模式而且在做事方式习惯上都有着极大的差异和差距：一方面是硬件已经跟国际接轨了，但是软件部分远远不够，其实是人的现代化意识没有跟上时代的节奏；一方面是管理的不规范，个个都是自行其是有无限的创造力，因此很难形成产品。

再一个严峻的事实是，本来是做一个系统的信息化服务，现在成了买设备的了。客户群体还没有完整的意识，实用功能主义倾向和欲望十分强烈。形象地说，或者通俗地解释就是本来要做的事是一个界面的概念，现在只是在卖界面上的一个个设备。前期后期颠倒着来了。

刘继明前思后想，用了一个形象的比喻给自己自圆其说：过去电脑神乎其神，是要有一个专业的学习，一个复杂的语言学习才能操作，让很多人茫然失措，敬而远之，觉得它是一个未来时代的东西，有些年岁略长的自以为此生无缘了。但是，到后来呢，电脑的发展让几乎所有人都无障无碍地混迹网上如鱼得水。所以，目前这个颠倒也有它的好处，让本来后期的东西提前上来了，接下来就会研制改进得更好、更完善，到以后真正的规模时代上来了，还不仅是电脑的一代，可能还会反过来把上一代的不接受也顺手牵羊再带进来，因为已经不是他们惧怕的现代，而是易如反掌的便捷。

刘继明一方面是困惑着坚守还是随波逐流，一方面是适应性地调整布局步骤，为此每天平均工作时间超过 15 个小时。

他女儿在作文中这样写道："我有一个'丢失了睡眠'的父亲，每天早起和睡觉时都不能见到他的身影，少有的一次妈妈出差爸爸送我上学，在等我收拾东西的一小会儿工夫，爸爸竟坐在椅子上睡着了。"

在美国生活时，刘继明和妻子女儿每周都有一个家庭日，全家人在一起放松休闲。但自从回国创业，家庭日从以前的周末缩短为每周日的半天，而这短暂的半天，他通常也是抓紧休息积累精力再投入工作。

通常都这么说，一个成功的男人背后总有一个默默无闻的女人。刘继明的妻子很形象地比喻这事儿，说他总是"睡眠出席"每周半天时间的家庭日，但她支持和理解，老公即使不说话，有他"睡"在自己和女儿身边过家庭日，也很幸福的。

刘继明很平实地看待创业的艰苦，他觉得做事业、做产品，就像抚养自己的孩子一样，自然需要不断地倾注大量的精力和心血，看着孩子一点一点地成长，我们的生命过程也就融入这个过程中，在这个过程中我们欣慰、收获和感动。

经过 3 年的艰苦研发，刘继明主持研发的融合通信"一体机"打破了国外的技术垄断，填补了国内空白，技术达到国内领先水平。2007 年以来，刘博士获得了 14 项发明专利、2 项实用新型专利、37 项软件著作权，并承担完成了多项国家、省、市科技攻关项目。公司快速发展壮大，其核心产品也开始商用，并于2009年在中国电信集团的邀请下，和另两家龙头外资通信企业一起参加融合型企业网关标准的定制工作。

五

"奔驰只因千里志，勤奋都为创业艰。"

这是刘继明奋斗的座右铭。

创业是一个量变到质变的过程。

刘继明认为：创业刚开始最重要的是想清楚商业模式，要保证能够生存；然后是团队建设和坚持不懈，要保证能够持续生存；再后就是管理和战略眼光，要保证能够规模化地持续生存。

他时时提醒自己：我们必须时时思考，事事复盘，我们必须改变、超越和战胜自己。我们一贯提倡的PDCA循环：Plan（计划）、Do（执行）、Check（检查）和Adjust（调整）。做事时运用PDCA循环的程序是先提出目标并拿出计划；这个计划不仅包括目标，而且也包括实现这个目标需要采取的措施；计划制定之后，就要按照计划进行检查，看是否实现了预期效果，有没有达到预期的目标；通过检查找出问题和原因；最后就要进行处理，将经验和教训制订成标准、形成制度。

中国电信行业近年来经历了网络宽带化、终端移动化、光进铜退以及移动互联网等四个主要建设阶段。网经科技主要面向企事业单位融合通信应用领域，通过与主流电信运营商宽带接入业务进行捆绑销售拓展市场，因此网络宽带化和光进铜退对网经来讲是机遇期。网经目前也在积极进入移动互联网领域，公司的主攻方向第一个五年是针对5—100信息点，第二个五年是100—1000个信息点，第三个五年是1000个以上信息点的企事业客户，而且公司所有的产品未来的控制界面都会是在手机上。

融合通信（UC）作为一种高效的企业沟通与协作平台越来越受到企业

青睐。相比几年前人们理解的"整合在一起的一堆通信系统"，新一代 UC 融合通信/协作系统已经越来越具备了满足"任何时间、任何地点、任何格式、任何终端"的最高通信要求。预计 UC 从仅是"锦上添花"到"必不可少"之时，就是 UC 市场爆发之日。

刘继明想到了那句著名的老话："世界是你们的，也是我们的，但归根结底是你们的。你们青年人朝气蓬勃，正在兴旺时期，好像早晨八九点钟的太阳。希望寄托在你们身上。"

虽然说进入中国市场已经差不多有 10 年了，就此而言，可能早了点。但是 10 年做事，初衷依然不改，刘继明相信这一天到来是不会太久的了，不仅因为新一代——所谓电脑长大的一代，已经进入社会的洪流，并将渐渐地成为主流；更因为时代的进步超出了人们的预期，网络的发展，手机的发展，推动了所有年龄层思想思维的更新和变化。

江必旺：缔造一个"微球王国"

2014 年 "苏州市十佳魅力科技人物"。他所缔造的微球王国填补了国内高性能微球材料的空白，打破国外企业在该领域长期垄断的局面，突破了多个微球材料制备技术中的世界难题，成为该领域的引领者。

江必旺，苏州纳微科技有限公司创始人兼首席科学家，国家"千人计划"专家，是一位名副其实的学者。为了将先进的技术转化为产品，填补国内生物制药分离纯化介质及液晶显示用关键微球材料的空白，他放弃美国优越的研发条件和北大教授职位，走上了艰难的创业之路。江必旺和他的团队奉行"以创新、赢尊重、得未来"的理念，专注研发，坚持创新，完善工艺，不断地开发出高质量的纳微米球材料。凭借持续不断的创新科技，填补了国内一项又一项空白，实现中国在单分散纳微米球材料技术领域由空白到世界领导地位的跨越式发展，并推动中国生物制药、医疗检测、液晶显示等良性发展，改善了我国在生命、信息、环境和材料等领域的科研质量和产业生存环境。大部分纳微科技的产品均是我国在相关科研和产业领域的核心材料，与中国近来大力推行的"创新型国家"不谋而合。

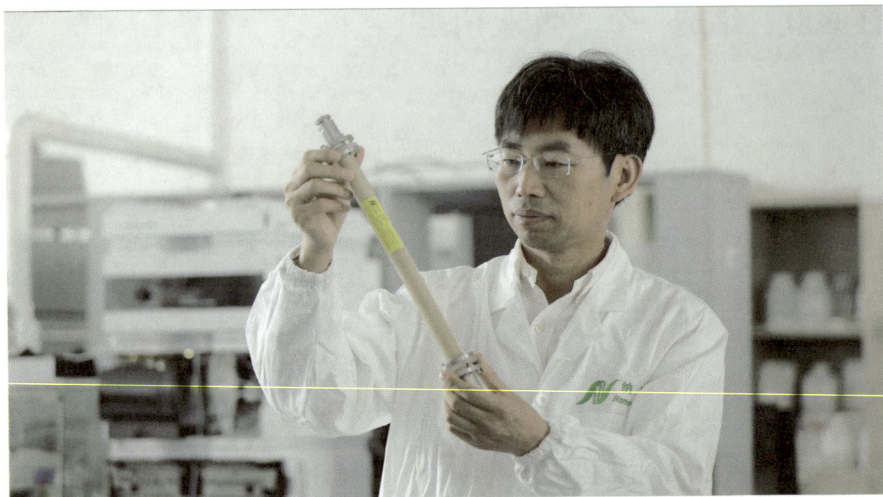

江必旺

一

　　1984 年的高考，对于福建省建瓯县东峰镇来说，有一个令人欢欣鼓舞的好消息：来自穷乡僻壤的山村孩子——江必旺，被国内顶尖大学北大录取，成为北京大学的一名新生。

　　对于一个在农村长大的孩子来说，考上大学成为他改变贫穷命运的转折点，何况还是幸运地上了北大。这不啻是他个人的鲤鱼跳龙门。

　　考取北大的喜悦，在正式上了北大之后很快就被现实击得粉碎，随之而来的是深深的自卑与强大的压力。

　　北大报到是江必旺第一次远行，第一次坐上火车的他兴奋又忐忑。上大学带的所有行囊只是一个自制的木箱子，装有一件军大衣和几件衣服，口袋里带了 100 多斤全国粮票，是家里用 100 斤粮食换取的。当时在北京每月的花销大约在 20—30 元人民币，现在看起来可能并不是很高，但对于一个月收入不到 30 元的农村家庭，却是非常大的经济压力。幸好北大为经济条件差的学生提供助学金，每月 22 元的助学补助，加上勤工助学的收入，

可以维持江必旺在大学期间的生活。

北大的学生大部分来自城市。首次体验宿舍集体生活的江必旺，在与同学相处的点滴之间深刻感受到自己与他们之间的巨大差距。城里的孩子每月几十甚至上百元的生活费，而他只能依靠助学金与勤工助学收入维持生活；城里的孩子拥有广阔的见识，而对于穷乡僻壤来的江必旺而言，能够读书已经是一件非常奢侈的事情，课本基本上是他获取知识的唯一来源。

物质的短缺与见识方面巨大的差距，再加上内向的性格、浓厚的闽北口音，更让江必旺陷入深深的自卑中。江必旺感觉自己一无是处，当初考上北大的兴奋、意气风发在怀疑中荡然无存。想着父母家人对自己寄予浓厚的期许，想起乡亲们在知道自己考上北大后的羡慕，再想着一无所长的自己，江必旺陷入巨大的压力中，难以自拔，开始彻夜失眠，晚上睡不着，白天没精神，学习成绩越来越不如意，有些科目还挂科了，进一步加剧了自卑情绪。

这样的状况一直持续到大二暑假。一个机缘巧合的勤工俭学机会改变了这一状况。

大二暑假，江必旺一方面由于没有钱购买回家的火车票，另一方面他也希望利用暑假的时间补上落下的功课，同时看看是否能够找到一些勤工俭学的机会来减轻家里的负担。恰好系里有几个教授需要招聘学生实验助理，同宿舍的同学申请到一个名额，临时要回上海，做实验的机会就阴差阳错地给了江必旺。

系里这位教授带的研究生毕业论文是多步有机合成。前面几步都进行得比较顺利，最后两步却一直做不出来。临到毕业，实验进展不尽如人意。江必旺的工作是帮助研究生准备前几步的原材料，如此那位研究生就可以集中精力在没有突破的那一步合成上。可是到暑假中期，那位研究生因为家里有事回家了。江必旺将原材料准备好之后，在实验室闲得没事，就偷偷地往下做了一步，没想到，居然将一直没有突破的那一步跨了过去。

这一结果，让系里这位教授非常高兴，很欣赏江必旺的勤快和实验动手能力。暑假结束后，江必旺被教授推荐到北大计算机研究所做研究助理，从事激光照排系统中感光材料的研究和产业化。

从那时起，江必旺开始接触比较专业的产业化项目。只要有时间，基本上每个周末和寒暑假都去做实验。当时北大实验条件很差，实验室仅有一个通风橱，大多数实验都在没有防护的实验台上做。完成一天的实验后，通常都觉得脑袋发胀。但不论过程多么困难，他都坚持了下来。因为勤工俭学每月 20—30 元的额外收入，能极大地改善自己的学习、生活条件，减轻家里的经济负担；另一方面，他惊奇地发现自己的实验能力一下提高了不少。实验课成绩，尤其是有机实验课成绩总是排在班级前几。由于江必旺总能优质、高效地完成实验，经常得到实验老师的表扬，甚至被当作学习的典范。这样的转变增强了江必旺的自信心。虽然本科毕业论文在北大只有一个学期，但江必旺却利用这么短的时间，接连发表了 3 篇学术文章，而且其中一篇文章还签署了高分子院士的大名。

北大计算机研究所是王选领导的，专门从事计算机汉字激光排版系统的研发和产业化，为汉字印刷开创了新时代，是让我国印刷出版业从此告别铅与火、迈入光与电的技术革命。王选因此获得国家最高科学技术奖。他创立的北大方正也因此成为国内最有名的高校创办的高科技企业，为北大和中国做出巨大贡献。由于江必旺勤工俭学期间表现不错，毕业时，所里专门为江必旺申请了一个本科毕业生留校名额。从此他就一直在北大计算机研究所工作，从事用于激光照排系统复合 PS 板的研发和产业化，直到1994 年离开北大去美国。

在北大工作的这些年大幅度提升了江必旺的研发能力和自信心，也为江必旺将来回国创业埋下了种子。

二

对自己研发能力的自信让江必旺到美国大学读博士时走了一条与绝大

多数学生不一样的路。通常情况下，学生是先选择一个教授做导师，再从导师那里拿到研究课题，而这些课题都是导师所熟悉的，因此如果学生遇到困难也容易从导师那里得到帮助。而江必旺在独立思考之后，自主选定了觉得有意义又感兴趣的课题，然后拿着自己选定的课题挨个咨询哪位教授愿意让他做这个课题。

一般来说，极少有教授愿意接收这样的学员。因为教授拿到的科研资金大都有既定研究方向，很少会让学生在自己不熟悉的领域选择课题。江必旺咨询了系里所有的教授，只有一位新来的副教授，因为课题组人少，急需有学生进他组里，才勉强同意接受江必旺，但是只同意给他实验室里的一个通风橱做实验及购买所需要的试剂，暑假不支付江必旺 RA 奖学金，需要他自己去做 TA 来支持自己。这样的选择面临着巨大的风险。因为导师对自己选定的领域不熟悉，实验过程中，基本上不能从导师那里获得指导。如果遇到问题，只能自己想办法解决，解决不了有可能会被要求改变研究方向甚至推迟毕业时间。

为了顺利完成实验，江必旺做了大量的准备，从查阅文献、实验设计，到做实验全靠自己。功夫不负有心人，实验进行得非常顺利。经过一个暑假的实验，他做出了一些非常有意义的新型导电高分子材料。当时 IBM 与学校有合作，希望将电路板的元器件像芯片一样微型化，恰好需要导电高分子材料，结果江必旺的项目通过导师推荐入选了。

从此以后，江必旺的项目经费及奖学金都由 IBM 支付。

随着经验的积累，江必旺的课题越做越顺利，很快就发表了 6 篇文章。不到三年半的时间，他就顺利毕业了，成为导师第一个拿博士学位的弟子，比一般学生提前两年毕业。接到十几个知名学校的 offer 后他选择了加州 Berkeley 大学去做博士后研究。

博士后期间最为忙碌，一星期工作 6 天半是常规。学校对研究内容的质量要求非常高，要求学生的论文基本上要在一流的杂志上发表。此时江必旺特别感谢刚入北大时的那一段经历，提高了他的抗压能力。江必旺很快就适应了这样高压的环境，并在接下来的两年研究中，在国际一流的杂志发表两篇文章。同时，他发现自己的跳跃式思维有利于做科学研究，经常是一个主意还没有完成又想到了新的主意。而他自己也很喜欢做科研。导师也认为如果英文再好一些，江必旺是可以申请美国大学做教授的。考虑到自己语言表达方面的欠缺，江必旺最后选择到工业界做科研。2000年，江必旺被Rohm and Haas公司聘请为Senior Scientst。这是他在美国的第一份工作，因此非常珍惜，也非常努力，六年间申请了十多项专利并成功实现多个产品的产业化。

三

和大多数留美的中国学生一样，江必旺通过自己的努力做出了成就，获得了较好的生活条件。在这期间，家里慢慢开始安定下来，购买了全新的房子，爱人在Philadelphia一家知名的研究所找到安稳的工作，3个女儿也在美国出生长大。

江必旺和爱人花了很多时间和精力来忙活自己的小家，种花、种草、植树、运土，还在朋友帮助下花了几个月在后院建了个超大的Deck。在美国工作后，或许在某种意义上可以说，这段时间是江必旺这一辈子生活最安稳的日子。可惜的是，Deck建完后没享受几个月他就决定回国了。

2006年6月，江必旺从美国Rohm and Haas辞职回国创新创业。

辞职的举动出乎所有家人、朋友、老师及同学们的意料。因为通过多年的努力，一家人好不容易在美国安顿下来，工作顺利，正是享受生活的时候。此时辞职回国，意味着将好不容易得来的稳定生活全部打破，家人对此深表不解。

促使他决定回国的因素有很多。自从1994年离开中国到2004年第一次回国，十年间国内发生了翻天覆地的变化，让他惊叹。但是不难发现，这样的变化更多是依靠国内廉价劳动力实现的。而真正的具有高附加值的

高新技术都掌握在欧美企业手中，中国企业必须支付比国外企业更高的价钱购买该类产品，极大限制了中国相关行业的发展，尤其是在先进材料方面，中国用于各大产业的所有关键材料几乎都依赖进口。很多国内朋友希望江必旺能回国来做点事情。

另外江必旺也意识到，美国大多数公司由于受到华尔街影响，更关注近期的业绩以保持公司股价在高位，因此也更愿意做短平快的产品，以期在短期内提升公司业绩，而对需要长时间积累和投入的基础和源头创新的项目并不重视。公司很多研发人员更多是在做原有产品的改善，一个项目只需几个月，最多一年就可以完成，随后将产品推向市场。一年内没有完成则转向其他项目。在这样一个环境里，研发人员逐渐变成万金油式的产品研发经理，很难成为某个领域的技术专家。这对于一直希望将来能在自己感兴趣的领域做出较高的原创技术和产品的江必旺来说，难以实现自己的理想。

在他有了回国的打算时，很幸运地接到了北大的邀请：在北大深圳研究生院组建微纳米材料研究中心。这让他有了回来的机会。而让他最终下定决心回国的，是另一件事对他的触动。老家一位亲戚患有糖尿病，需长期注射胰岛素，这对收入不高的农民家庭而言是个很沉重的负担。当时我国胰岛素几乎完全依赖进口，价格昂贵。但江必旺明白胰岛素和其他生物制药一样，最大的生产成本不是人工成本而是下游的分离纯化工艺。而用于生物制药分离纯化的关键色谱填料国内没有，长期依赖进口，不仅订货周期长，需要提前半年支付预付款，价格比国际市场高30%以上，而且每年还提价10%以上。因此中国要降低生物制药生产成本，提高竞争力，必须把用于生物制药分离纯化的关键材料国产化。

为了让更多的国人能用得起生物药，必须将生物制药分离纯化过程中的关键材料国产化，而自己在这方面有一定的潜力。于是江必旺义无反顾地选择辞职，带着全家人回国创新创业。

四

江必旺怀着一股热情，充满信心，天真地认为只要两三年时间，他就可以把技术和产品做好。他完全低估了创业的艰难，尤其是在高科技行业创业的难度。

高新技术企业创业的难处很多。

首先高科技产品的特点是研发投入大、周期长、风险高，对原材料和仪器设备要求高，因此企业发展初期融资困难。

其次，国内对知识产权保护力度不够。这使得国内企业对研发新产品的动力不足。

再者，国内的税收体系不利于高科技企业发展。由于高科技产品增值大，其成本主要在研发投入、人员工资、产地租金等活化成本上，活劳动成本大大高于传统企业，按现行的增值税抵扣方式该部分成本不能抵扣，使高科技企业承担很高的税费，从而影响对技术的进一步投入，降低了企业竞争力。

最重要的是，整个国内的创业和投资环境整体偏向于急功近利。大家都希望做短平快的生意，很少企业愿意沉下心来做技术壁垒高、周期长的产品。因此，在这样的一个大环境下，坚持做高科技产品变得非常困难。

虽然发展的过程比他想象的要困难得多、慢得多，但江必旺认准一个方向就会坚定不移地往前走，哪怕放弃挣快钱的诱惑，他也坚忍不拔地坚持做原创技术和高性能高附加值产品。

每个创业者都需要经历各种酸甜苦辣。江必旺始终相信，天上永远不会掉馅饼，心急也吃不了热豆腐。科技创新，没有汗水的付出，没有时间的沉淀是难以完成的。江必旺在创业的过程中把科技创新的因子融入企业发展中，始终奉行"以创新、赢尊重、得未来"的理念，努力攻关原创技术并将产品做到极致。

将产品做到世界第一，并不是江必旺的狂傲，而是源于他对下游企业

的一份责任感或为环境所迫。因为他们生产的产品都是下游企业生产过程中最为关键的材料。对制药企业而言，公司生产的色谱填料质量的好坏直接影响着药物分离纯化的效果，进而影响百姓的用药安全。对于液晶显示的间隔物微球虽然单价高达每公斤 10 多万人民币，由于在单个显示屏里用量少，只占到整个液晶屏成本的 1%，可对整个显示屏质量的影响非常大，如果质量出问题，客户要损失整个屏的成本。因此这些高性能和高附加值产品如果要成功导入市场，必须将产品精益求精，做到最好，做到世界第一。

当大多数公司都以短期利益为重，青睐于短平快的项目，对难度比较大、周期比较长的项目避而不做之时，江必旺反其道而行，对认可的技术和项目，他可以让一个团队专注做 5 年甚至 10 年以上。功夫不负有心人，正是得益于江必旺对技术创新的专注和执着，纳微科技之后获得了一个个重大技术的突破和产品的开发。

在平板显示领域，纳微开发的 LCD 间隔物微球、导电金球、光扩散微球等系列产品打破了日本对这些关键材料的长期垄断，成为除日本之外第一家可生产这些光电微球的公司，而且是依靠更新的技术、更好的产品赢过日本。日本生产 LCD 间隔物微球是靠漫长的筛分工艺，生产周期非常长，整个过程需要 6 个月时间才能完成，而纳微利用自己的专利技术在微球合成过程中可以精准控制微球的大小和极窄的粒径分布，不需要复杂的分级筛分技术，因此把整个生产周期缩短到 6 天，大幅度提升了生产效率。同时，纳微还是世界上唯一一家可同时生产聚合物和氧化硅间隔物微球的企业。生产工艺完全自主创新。

在生物制药领域，下游分离纯化占据整个生物制药成本的 50%—80%以上，而用于生物制药最重要的色谱填料却长期被国际上少数公司所垄断，不仅价格昂贵，而且供货周期长，给中国生物制药行业带来巨大的成本和安全供应压力。纳微利用跨领域的技术创新及 10 年坚持不懈的研发攻关，成功地解决了单分散超纯硅胶分离微球规模化生产技术这一世界难题，成为全球独家可规模化生产单分散高纯硅胶的公司，为世界在这一领域的技

苏州纳微科技有限公司

术进步做出卓越的贡献。这一世界领先的技术和产品将有助于提升国内外药物产品纯度，提高生物制药的生产效率，降低药物的生产成本。

在蛋白和抗体生产过程中，离子交换、疏水和 Protein A 亲和层析介质是蛋白和抗体药物分离纯化最重要的材料，这些材料却长期由美国 GE、日本 Tosoh 等少数公司垄断。不仅价格昂贵，而且还每年增加 10% 以上，给中国生物制药企业造成巨大的成本压力。纳微集化学、生物和材料等交叉领域技术于一体，开发出世界领先的单分散高载量离子交换、疏水和 Protein A 亲和层析介质，并建成世界上最大的单分散层析介质的生产线。纳微离子交换、疏水、Protein A 层析介质在分离纯化蛋白和抗体药物的各项性能如载量、分辨率、机械强度、使用寿命等部分性能都已超过国际品牌。这一成果将会对促进中国抗体药物的快速发展起到重要的作用。

纳微凭借其世界领先的纳微米球制备技术，已赢得了国内上百家医药企业的认同，同时已向欧洲、美国、韩国等大型药企出口累计上万升高性

能用于生物制药分离纯化的微球，改变了我国单向进口的被动局面。

纳微还是全球第一家生产和使用单分散固相萃取填料的公司，可用于富集、浓缩食品样品中的微量物质，使得食品安全检测更加精确可靠，保证了舌尖上的安全。

在医疗诊断领域，纳微研发的功能性磁性微球已用于诊断试剂，目前正与其他厂家合作开发荧光编码微球用于高通量诊断领域。

……

纳微取得的这一系列成果不仅让很多同行的专家惊叹和震撼，而且赢得了国际同行甚至竞争对手的尊重。由于纳微技术和产品的出现，迫使曾经垄断生物分离介质的国际公司不再任性。

这样的改变打破了国外对中国企业的偏见：认为中国企业没有创新能力，只会生产价低质低的产品。很多次江必旺带着团队外出参展，经常有欧美人到展位看到如此好的技术和产品时会问："你们是不是来自日本？"他们本能地觉得，这么好的技术不可能出自中国。而此时，江必旺都无比自豪地说："我们从中国来。"对中国固有的认知，让他们诧异于一个来自中国的小企业，如何能够通过坚持创新，做到很多拥有雄厚资源的国际公司想做而无法做出的技术和产品。

即使在获得了重大的成就和一系列荣誉之后，江必旺博士仍非常谦虚。他坚持自己不是一个企业家，而是一位科研工作者。他或许更讲究的是严谨、务实、谦虚、内敛。的确，如果没有学者的思维，纳微不会屡屡创新，以技术赢得市场；但是，反之，如果没有企业家的战略眼光，纳微也不会步步崛起，成为今天的微球帝国。他觉得纳微能成功，说明这个时代越来越有利于技术创新的企业。

对于未来，江必旺信心满满，纳微公司坚持创新的原则，必将开发出更多的技术和微球产品，也会使国内更多的产业获益。他觉得自己有理由和责任在中国土地上崛起一个微球帝国，让世界刮目相看。

吴建华：怀匠人之心　彰宋锦之魅

2015 年 "苏州市十佳魅力科技人物"。用自己的方式把传统技艺和现代审美相结合，让宋锦重新活在人们的日常生活里。

吴建华，吴江鼎盛丝绸有限公司董事长。1989 年大学毕业后便到新生丝织厂工作，受国营厂多年丝绸氛围的熏陶，让他有了深厚的丝绸情结。20 世纪 90 年代末期，国营厂转制前，吴建华便下海经商，2000 年成立吴江市鼎盛丝绸有限公司。2012 年，吴建华带领公司紧锣密鼓地开展了一系列产学研合作，不仅克服了技术难关，成功在现代织机上恢复了宋锦的生产，还研发了真丝防辐射服装等创新产品，并将新产品推向了市场。同年，公司与苏州丝绸博物馆合作开发了 "上久楷" 品牌，在现代织机恢复宋锦生产的技术上给予了一定的帮助和顾问。

一

2014 年，中国，北京，APEC 会议时隔 13 年后重回中国，会议给峰会提供的领导人服装是一系列展示中国人新形象的中式服装。伴随着 APEC 会议大放异彩的，是使用宋锦面料制作的 "新中装"。于 2009 年被列入世界非物质遗产的宋锦在这样的世界舞台上盛装亮相，是宋锦的第一次，也

吴建华

是中国给 APEC 和世界带来的一份惊喜。

2016 年 9 月，杭州，G20 第十一次峰会，宋锦又一次登堂入室，被选送给各国领导人的礼品既富有中国传统文化特色，又兼具时尚魅力，呈现出浓浓的中国韵味，流光溢彩，惊艳世界。

带来这份惊艳和惊喜的，是苏州吴江盛泽的吴江鼎盛丝绸有限公司董事长吴建华。怀揣着打造中国宋锦第一品牌的雄心，吴建华实现了宋锦与世界级盛会的成功对接。惊艳全球的同时，也将自己开创的事业带至全新高度。

盛泽的丝绸生产有着悠久的历史。早在唐代，当地生产的"吴绫"就成为贡品；到了明清时期，这里出现了一批专业生产丝绸的作坊和进行丝绸交易的"绸市"。

说起来吴建华也是世家，他的祖辈就是其中一员。小时候爷爷跟他说：

新中国成立前家里有 4 台铁木机，半手工半机械式地生产绸缎，然后拿到庄面上去卖。爷爷最自豪的是自己的信誉好。做生意也好，干活也好，人最重要的就是讲信用。庄面上的人都认识他，就算买丝的时候钱不够也没关系，先拿了丝回来织成绸缎，卖了钱以后再把丝的钱还上。

尽管没有见过爷爷口中的铁木机，但年幼时爷爷送了他一件墨绿色的丝绸短袖。在的确良都没有的 20 世纪 70 年代初，拥有一件丝绸织品让吴建华感觉特别"显摆"。

1986 年高考，吴建华的志愿是苏州丝绸工学院，服从到了盐城工业专科学校读企业管理。对他来说，反正只要考上了就好，心满意足了。

1989 年的分配，对谁来说都一样，全部去基层企业。本来吴建华还想去镇上机关，结果分配到了吴江新生丝织厂，好在不赖，他也心满意足了。

这是当时中国最大的丝绸企业，丝绸业在当时也是风光无限，效益很好。

吴建华在车间、计量、销售各部门待了一圈，把所有丝绸产品的规格都记在本子上，全部背下来，然后去外地跑客户、谈业务、拉订单，虽然每天只有很少的时间休息，很苦很累，却感受到经营的乐趣，也积累下自己的客户资源。

一个因缘际会，他把自己挂靠在集体村办厂——上海第五织带厂吴江联营厂盛泽经营部下，开始自己干了。花 1 万多元买了个手机，所有公章印章就装在一个包里，挂在摩托车把上，走街串巷推销丝绸，开始了自己的"丝绸之路"。

第一年小试牛刀，小打小闹小有斩获，轻轻松松喜滋滋地赚了 20 来万，是当时正常工资的 10 来倍，吴建华很高兴。

第二年熟门熟路，热热闹闹地再接再厉，实现了自己定下的一个小目标。

开始长辈们劝他做贸易不及做实体来钱快，但吴建华觉得自己的感觉就是在丝绸方面，这是有一定门槛有悠久历史的产业，不会轻易被淘汰。2000 年，他成立了吴江市鼎盛丝绸有限公司，坚守他的"丝绸情结"。

二

接下来就是一连串的阴差阳错，回头看其实是冥冥之中早已注定。

这时恰逢新联丝织厂设备改造，吴建华就驴下坡顺势买下了 64 台有梭织机，280 万的开厂资金又是买地造房又是设备人员的，七七八八所剩无几，好在过去一直信誉好，农商行贷款都没有要求抵押。他把自己定位在国有企业看不上不愿意做小企业做不了也做不好的产品：素绉缎。这是通常在行业内被称之为猢狲拾到的那块姜：技术难度有，附加值不高。他又请了些从新生厂新联厂出来的老师傅。如此这般，从严管理，原料把关，产品品质高、效益好，小生产大贸易，日子也还不错。

吴建华关注原材料的变化，始终认为涨也好跌也罢，其实都是机会在其中。2002 年，同里缫丝厂倒闭，库存的蚕丝以每吨 11.5 万元统售，当时经线价格每吨 13 万元，纬线每吨 12 万元。吴建华想到的是没有赔的道理，只要其中有一半以上经线就已经赚了；吴建华没有想到的是买下来之后蚕丝一路疯涨狂飙，30 多吨蚕丝让他赚了个钵满盆满，买了 6 台 SM92 剑杆机，扩大了规模，产量上来了。

2008 年，吴建华听说苏州东吴丝织厂要关了，设备也要拍卖。他想到了两点：老东吴的客户群很大，老东吴的新产品很牛。他拐弯抹角千方百计找到了老东吴的技术、销售核心团队，动之以情晓之以理，赢得了信任，从而个人承接了苏州东吴丝织厂的所有库存、设备、样品。当时东吴厂的新产品研发在全行业是一致公认的，可以说是引领市场的，后来大量的事实证明的确所言不虚。

其时，中国的房地产已经开始升腾，有朋友亲戚有意让他投资李公堤买房投资，也就是一念之差，吴建华觉得房子以后总有机会买，东吴厂的买卖却是机不可失时不再来。在一片质疑声中，他拿出了全部的家底，收购了濒临倒闭的百年丝绸老厂——东吴丝绸，唯一让他意外的是拍卖的时候是他一个人在唱独角戏，连个竞争对手都没有。

三

2009 年，吴建华第一次来到法国巴黎参加面料展。其间欧洲恰好也有一个 PV 展，主要是欧洲的真丝、纺织企业和供货商，吴建华东兜兜西转转，眼花缭乱之际突然一个眼明心亮，一块再熟悉不过的豆沙色云纹丝料突然在眼前闪过，这是上个月刚刚卖给韩国客人的。吴建华上前询问铺主，价格几许？铺主是个欧洲老头，回答说是 54euros。这基本上是他卖给韩国人 54 元人民币的 10 倍。于是又问老头是不是从韩国来的面料。老头告诉他，你只是生产工艺，品牌的概念还包括服务、设计、色系、纹饰等等，为什么 Hermès 就贵？

吴建华茅塞顿开恍然大悟。回来之后，就开始在鼎盛尝试做品牌，因为不懂，所以先收购了"罗玛世家"品牌，依样画葫芦慢慢学；然后是无知者无畏，带领团队突破企业发展顺风顺水滋生的惯性惰性，补充时尚元素的欠缺，提升技术设备的局限，充分利用老东吴开发新品的优势，做出了自己的品牌——上久楷。

苏州上九坎纱缎庄，开办于清代光绪二十四年，亦即是公元 1898 年，是一家专门从事丝绸生产、销售的商家，最早可以追溯到清初康熙、乾隆年间的苏州织造局。当时除了领有执照的官匠织造外，亦向民间机户进行揽织，上九坎纱缎庄的前身就是其中之一。清末民初，受军阀混战影响，上九坎纱缎庄无奈地联合苏州其他绸庄成立了苏州东吴丝织厂，1954 年到 1956 年公私合营中，苏州市区丝织厂合并成为东吴、振亚、光明、新苏等四家国营丝织厂，东吴成为苏州以至全国丝绸织造的领头羊。

在 20 世纪 90 年代末，东吴丝织厂形成了真丝、真丝交织复合和涤纶仿真丝三大类别的东吴牌绸缎，年产 100 多种品种，特别是包括织锦缎、古香缎、金玉缎、克利缎和宋锦在内的"四缎一锦"以及上百年来经久不衰的织锦被面留香绉等传统产品，特别是具有"塔王"之称的塔夫绸色泽绚丽、质地细腻，曾在 1981 年被选为戴安娜王妃的婚礼礼服用料。

现如今，吴江鼎盛丝绸有限公司作为具有百年历史、深为苏州人自豪的东吴丝织厂的自然承接者，不仅包括其生产的全部织造设备，并引进东吴的核心骨干技术人员和操作人员，全面学习吸收东吴文化、管理、技术、经验，有责任和义务让悠久历史的品牌绵延传承。

上九坎的"坎"卦中，坎为水，水为财，即发财之意，而传统意思中为坎坷不顺之意，而"楷"字具有典范、楷模和榜样等积极向上的寓意，为了文化和品牌的传承和发扬，故在读音相近的前提下，鼎盛丝绸将"坎"修改为"楷"，保证文化的传承和品牌的发展，并在 2011 年恢复了拥有浓厚民族气息和深厚文化底蕴的百年丝绸品牌"上久楷"。

四

也还是在 2011 年，吴建华偶然在《苏州日报》上看到一篇文章，内容是非物质文化遗产宋锦技艺的国家级传承人——钱小萍老师呼吁保护濒临失传的宋锦。

"锦上添花""繁花似锦"是家喻户晓人人皆知的成语，其中的"锦"字用以形容美好的事物或漂亮景物，它来源于丝织物的一类织物名称，起源于西周，到隋唐五代开始出现了由纬线显花的纬锦，至此，所出现的织锦都称之为"蜀锦"，这是中国最早的织锦。

到了宋代，中国丝织业的重心南移，刺激了江南丝织业的规模、水准、工艺技巧、品种结构和花纹色彩不断迅速发展，门类繁多，形成了具有宋代艺术风格、经线和纬线同时显花的织锦——宋锦。宋代丝绸最著名的品种就是宋锦，它的产地主要在苏州，故又称"苏州宋锦"。

宋锦的形成还有一个很重要的地理因素，就是长江三角洲的丰饶而殷实，有"苏湖熟，天下足"的民谚，"上有天堂，下有苏杭"这句话也从宋代开始流行，苏州的手工艺技术水平也趋于全国领先地位，因此出现"丝锦布帛之饶，覆衣天下"的盛况，不足为奇，理所应当。

木织机让宋锦的历史"织"进现实

宋锦纹路细密、图案精致、色彩典雅，平整性好，耐磨性强，被赋予中国"锦绣之冠"的美誉，曾是苏州的一张靓丽名片。随着时代的变迁，由于生产技术和设计理念的落后，和许多"非遗"一样，宋锦面临传承保护的困境，甚至一度出现了"灭绝危机"。

读着报纸的吴建华嗅觉异常的灵敏，强烈地感觉到宋锦是个值得开发的宝贝，油然而生出一种无比强烈的使命感：中国人需要重新认识宋锦。他一直以来就暗自立下鸿鹄之志，他要做中国最好的丝绸。这是一个梦想，此时此刻，被突如其来唤醒，豪情和激情同时涌来，一下子把吴建华的心胀得满满的。殊不知，还有一个更大的惊喜在等着他。

吴建华过去没有接触过宋锦，为此还东问西问地瞎打探了一番，结果令他喜出望外，他横生一念全盘接受的那个百年老店——东吴丝织厂，就是新中国以后还依然能够大规模织造宋锦的两家工厂之一，而且那批曾经做过宋锦的核心技术骨干原来还差不多都在自己身边。

这让吴建华不禁欣喜若狂：天助我也。于是，毫不犹豫立刻决定进军宋锦。

但问题也接踵而来，团队负责技术的经理告诉他现在的设备做不了，

新的效率高的剑杆机是不能做宋锦的，要已经淘汰的有梭织机才能做。但是传统的一台宋锦织机需要两个人操作，一天最多只能生产8厘米，根本无法满足批量生产的需要。一分钟都不想耽搁的吴建华立马让团队把现有的机器改造成能够大批量生产宋锦的机器，不料却遭到了反对，技术人员告诉他改造机器需要大量的资金和人力，没有百分之百的把握，一旦改造失败，原本的机器也等于报废，一台机器的损失就是200万。

铁了心要上宋锦的吴建华义无反顾，豪气干天地把手一挥，说："这不是你们应该考虑的事情，这是我考虑的事情。你们要做的事情就是用最快的速度抓紧改，改成功为止。其他的一切，我全权负责。"

2011年12月到2012年3月，仅仅四个月的时间，吴建华带着团队成功研制了一台符合传统宋锦织造工艺和各项技术参数的电子提花机，这款机器不仅生产效率远远甩出传统工艺"几十条街"，还能生产出更多复杂的图案和花型。殚精竭虑的四个月，挖空心思的四个月，动足脑筋的四个月，废寝忘食的四个月，吴建华们攻克了古老织锦技艺与现代生产设备无法兼容的难题，完成了"复活宋锦"的第一步。

五

吴建华曾经一度自我感觉还不错，面料是优势，品质也上乘，管理也严格，但是后来他渐渐地发现自己在这个千变万化的市场上没有核心竞争力，已有的那些不足以支撑他的持续发展。别人只要用心了努力了认真了也能做到。

在与民航国航的合作中，在不断地被选为国礼和国际活动所需用品的过程中，他和他的鼎盛丝绸作为乙方，说句笑话就是饱经摧残备受折磨。但是，反过来说，也正因为如此，让吴建华和团队经历了洗礼，他们想要开发创新更多的产品，不仅时尚，还要实用。

文化的东西要结合产品来推，产品就是文化载体。吴建华意识到，靠大批量、低价格策略发展丝绸业，路会越走越窄。于是，他确立了"从产品制造转向文化创造"的战略方针，重点发展以礼品、服装为主的宋锦及丝绸产品，并逐渐从初级的产品营销向品牌化经营转变，将鼎盛的产业模式带至全新高度。吴建华还与东华大学、北京服装学院以及设计师曾凤飞、楚艳，画家卢禹舜合作，开始了多样化和多场景的研发。

千年工艺与现代生活充分结合，宋锦的用途日益广泛，箱包、家纺、围巾等产品层出不穷，并统一冠以"上久楷"这一始创于1889年的民族品牌。秉持着生产顶级丝绸面料的理念，他们引进意大利进口剑杆织机和法国电子提花机，发展出丝绸大提花宋锦家纺、宋锦箱包、宋锦服饰、防辐射服等一系列丝绸制品，加大宋锦的开发，深入挖掘宋锦文化，打破传统宋锦的设计理念，注重丝绸与文化和科技的结合，丰富产品的设计和文化内涵，加强品牌营销，拓宽销售渠道，提高品牌影响力，让宋锦文化走出国门，推向世界。

厂里的宋锦文化园，还摆放着与1000多年前宋锦工匠所使用的工具几乎一样的大型木织机，织锦师傅用最传统的方式在机器的末端安静地织锦。如果说电子提花机让宋锦从博物馆里"走"了出来，那么这台木织机则让宋锦的历史"织"进现实。

吴建华享受着成功的喜悦，回味着努力的甘苦，同时也在思考，如何更好地传承中国传统技艺？如何让非物质文化遗产走出博物馆？让宋锦走入"寻常百姓家"，才能从根本上解决这些问题。

张应鹏：设计生活方式的人文建筑师

2013 年 "苏州市十佳魅力科技人物"。致力于还原人与建筑的关系，将"无用"的空间看作是建筑的价值所在，把哲学思考与艺术表达熔冶一炉。

张应鹏，1964 年生，安徽省郎溪县人，合肥工业大学土木工程专业学士，东南大学建筑学硕士，浙江大学西方哲学博士，苏州九城都市建筑设计有限公司总建筑师。在张应鹏看来，建筑学绝不仅仅是一门关乎工程的学科，它更应该关乎人文。他坚持空间必须以"爱"为前提，在权力与资本为主导的空间游戏中，有一种技巧可以让欲望转化为温情，有一种努力可以让石头带有体温。

一

拥有西方哲学博士学位的张应鹏在建筑师中显得有点儿"另类"。

人到中年以后，他觉得建筑设计已经成为他生命存在的一种方式——他通过建筑设计分享对生活的理解与看法，并因此承担社会的责任与义务。

张应鹏固执地坚持，空间必须以"爱"为前提，在权力与资本为主导的空间游戏中，有一种技巧可以让欲望转化为温情，有一种努力可以让石头带有体温。

张应鹏

　　1995年，张应鹏从东南大学建筑研究所毕业，来到刚刚成立的苏州工业园区设计研究院就职，担任首席建筑师。20世纪90年代初大规模城市化建设刚刚开始，现代化热潮涌动都市的建设洪流，虽然彼时的苏州主要还是一个青砖黛瓦、小桥流水的古城，但古城底蕴深厚，园区蓄势待发。这种以历史人文作支撑的建筑舞台，与张应鹏所崇尚的人文关怀的建筑设计理念形成了一种持久的默契。

　　成立于1994年的苏州工业园区是苏州创新发展蓝图上古城东侧高高飞扬的一翼，也是张应鹏作为职业建筑师的起点，他和设计团队一起主持或参与完成了新苏国际大酒店、新加坡国际学校、苏州大学附属中学等园区早期的多个重点项目。而当园区的建设日新月异如火如荼之际，本应大展身手的张应鹏却做出了一个令所有人都无法理解的决定。1997年，他放弃了建筑师的高收入和个人发展的好时机，选择了闭门苦读文学和哲学经典，最终考取了浙江大学哲学系夏基松先生的博士研究生。

　　不顾养家压力，仅凭着微薄积蓄，去攻读哲学系的博士学位，这个在常人看来近乎疯狂的举动，张应鹏将其解释为一种无法抗拒的内心呼唤。

而当三年之后，张应鹏带着他的博士论文《诗意的栖居——现代西方哲学中的非理性主义倾向对建筑艺术的影响》在答辩评委面前侃侃而谈自己的设计哲学，并独创性地提出"非功能空间的价值与意义"时，我们看到的是这种内心召唤所激发出的力量和价值。

这种呼唤和思考最终形成了张应鹏独特的设计理念和设计哲学。为了更好地实现自己的建筑理想，博士毕业之后，张应鹏选择了自主创业，成立苏州九城都市建筑设计有限公司，或许这又是一次无法抗拒的内心呼唤。2002 年，带着几个实习生和刚毕业的大学生，张应鹏开始了自己的创业路程，公司的办公地点还是从朋友那里租借来的居民楼顶层的一套住宅。窗外干将路上熙熙攘攘，喧哗而嘈杂，而狭小的工作室里几个年轻人却在宁心静气地构思空间的艺术。

对创业之初的张应鹏而言，他对自己的设计能力有充分信心，而压力在于项目的来源。无论是比规模还是比经验，与早已成熟成规模的大设计院相比，这个方寸之间的小工作室没有任何优势可言。如何让业主放心将动辄造价上亿的工程交给一个刚刚成立还没有任何业绩积累的小型设计公司呢？

张应鹏最终凭借自己对建筑的热情和独特的设计理念，当然还有"超值的价格性能比"的设计费，打动了为数不多的几个业主。然而，正是早期完成的无锡南洋学院、南通综艺股份公司总部、苏州工业园区职业技术学院、苏州外国语学校等设计作品令人耳目一新，为他赢得了之后业内的口碑和业主的信任。

二

在张应鹏看来，建筑学决不仅仅是一门关乎工程的学科，它更应该关乎人文。

空间是一种描述世界的语言，用以陈述建筑师对世界的看法和感受，并借此完成建筑师对社会的责任与义务。因此，必须从哲学、社会学、宗教或民族文化等人文学科的角度去理解建筑，表达空间，关怀社会。

然而，在一个经济至上的时代，这种理想的担当和人文情怀的坚持并非易事，张应鹏始终坚持做精品而不是做产品，他成为比业主还要挑剔的"监工"，甚至经常被业主婉言相劝不要再去工地了，不要再修改了。这样不计成本的经营起初无比艰难，作品优先于收益的经营理念也无法得到充分认同，公司的合作伙伴也是几经更迭，最艰难的时候，他的身边只剩下一个助手。即便如此，张应鹏也始终没有怀疑过自己所秉承的建筑理念，这种对空间主体性的尊重，对空间使用者的关怀，对环境的亲和以及对空间所承载的社会责任的担当也成为一种日益明晰和坚定的信念。

有趣的是，正如张应鹏所提出的"非功能空间"的意义，他这种"非利益"性的经营反而赢得了业主的信任、同行的认可和社会的尊重。"非功能空间"不是反功能的空间，不是功能空间的对立面，而是功能空间的"背立面"，是空间整体不可分割的一部分，并肩负着对功能空间补充与完善的使命，从而使空间的意义更加丰满。没有把它定义为"没有用的空间"是因为张应鹏认为在某种层面上讲它甚至是比功能空间更有用的空间——所以，把他定义为"非功能空间"。

在从事建筑实践的同时，张应鹏还作为浙江大学、东南大学等诸所高校的兼职教授和客座评委，积极参与到高校的建筑学教育之中，作为"世界华人建筑协会"理事，作为"当代中国建筑创作论坛"的执行委员，积极组织、参与建筑界的各种学术活动，为推动我国建筑创作的繁荣，活跃建筑创作的气氛，提高建筑创作的整体水平做出了积极的贡献。

2013年，张应鹏获得"苏州十佳魅力科技人物"荣誉称号，这既是对他为苏州城市建设所做出的独特贡献的高度认可，也让他更坚定了以建筑空间设计作为一种体现公平正义和社会关怀的生活方式的理想。

三

如今的九城都市在独墅湖创新园区拥有一处 2400 多平方米的办公空间，异常宽敞明亮，窗外是波光粼粼的独墅湖和幽静清雅的白鹭园，60 多名设计师在这里生活、读书、做设计。从最初一间拮据的斗室到如今坐拥一窗湖景，九城都市以自己的空间设计言说着人与人之间、人与空间之间、空间与环境之间的诗意性关联。

对张应鹏来说，建筑不是为了解决功能，功能只相当于小说中的故事，对于小说家来说，故事只是传递他理念的媒介，并不是小说的终极目的。建筑师也一样，功能必不可少，但是对建筑师来说，更重要的是传递思考，功能是要解决的基本问题，但不是建筑的终极目标。"比如说我公司的室内设计，在这个办公室里，非功能空间占绝对主导地位，它风景最好，空间最为宽裕。我一直认为自己是个人文建筑师，建筑不仅要解决功能的问题，还要解决人的问题。我们经常面临这样几个问题：一是空间越来越大，技术越来越发达，我们想征服自然，却越来越远离自然；第二，信息越来越多元，通讯越来越方便，真正的交流却越来越少，人越来越孤独；第三，人口越来越多，建筑越来越密集，身体越来越近，心却越来越远；第四，生活与工作的二元对立，造成人格的二元分裂；学习与工作的互不兼容，影响了工作能力的可持续提高。面对这几个问题，我想通过空间做出我的努力。"

在设计方法上，张应鹏努力让生活和工作合二为一。他把整个公司设计成一个图书馆，不是一个设计院里有一个图书室，而是，工作室就坐落在图书馆里。张应鹏让每一个员工挑自己喜欢的书，比如每次每人挑 10—20 本。有些人可能一段时间都没有认真读过书了，但是让他们去挑选书，这个行为可以激活可能原本已经休眠的阅读欲望，促使人去思考可能会喜欢什么书，就像打开了一扇久已尘封的窗户。

卡尔维诺《看不见的城市》里有一个城市中居民可以"交换记忆"，

张应鹏想通过这个行为，可以在同事之间交换信息，把公司最好的空间用于大家的交流，而不是用于画图。别人的公司，往往是用家具将人一格一格隔开以强调空间的私密性，实际上是强调着人和电脑的关系。而张应鹏的公司恰恰相反，员工的桌子都是面对面的，中间的隔板很低，他希望设计师们可以讲话，画图的时候可以交流，不想画的时候可以看书，看风景，发发呆。

张应鹏还用了几个方法试图让人打开身体，比如设计了好几个南北东西直通的通道。他想打开皮肤的记忆，唤醒皮肤对风的记忆，很多人在封闭的工作环境中已经忘了风抚摸皮肤的感觉。九城都市的空间，白天都是光线充足的，从早到晚的光影变化，春夏秋冬、气候转换、阴晴雪雨，都能在室内感受到，还原了视觉对自然的体验。他还想打开心灵，风景是心中的风景。办公室里至少有三道风景：对外开阔的湖景是一道自然风景，对内满墙的书架是一道人文风景；而九城的同事们，才是这里最美的风景。他经常会感动，当无意中看见看书的人、站在窗前看湖的人，会感觉到心灵的触动，这个环境已经给人带来了变化。

就似卞之琳那首诗："你站在桥上看风景，看风景人在楼上看你，明月装饰了你的窗子，你装饰了别人的梦。"

张应鹏强调的建筑设计，不是用奢华来盛放肉体，而是用空间开启人的心灵。

四

当年，张应鹏偶然一次在苏州耦园茶馆写博士论文，休息时发现"枕波双隐亭"有楹联曰："耦园住佳耦；城曲筑诗城。"这副楹联出自沈秉成继配夫人严永华之手。那一瞬间让他对非功能性空间有了更深刻的理解，原来中国古代就已经强调了这一点。这和工业革命以后，所强调的效率及简单直接是有所不同的——"曲径通幽处，禅房花木深"。

直线只解决了物理问题，而没有解决情感问题。直线无法让人与空间本身对话，无法让你在与空间对话的过程中把一个自己变成多个自己。

说起做设计是为了生活还是生存，张应鹏答："建筑设计对我来说，更是一种生活方式，或者说存在方式，而不单是一种谋生手段。我们工作挣钱是为了生活，但同时又经常因为努力工作而丢了生活。我现在的状态，就是努力把工作变成生活，这是我的理想，我相信也是很多人共同的理想。"

在这种存在方式中，张应鹏通过建筑设计享受着他的生活，同时也在分享着他的生活。所以他的每一个作品，或者每一个设计，都是在表达他对生活的理解。仔细观察张应鹏设计的每一个项目、每一所房子，呈现的空间都很积极，都很友善。

从 1995 年到苏州至今已有 21 年了，张应鹏对苏州有着深刻的了解和情感："我们对自身文化的认同感，越来越好。我刚来苏州的时候，就是冲着苏州文化来的。但那时似乎有一种声音：工业园区没有限高，做建筑不会受到限制。好似有一种摆脱了传统'制约'的解脱。十几年过后，人们越来越认识到，文化不是包袱，而是宝贝。近年来市委、市政府的几个项目，比如说桃花坞历史文化街区改造，比如说古城墙的修复，都体现了文化的寻根，对传统的追问。这表明，在认识上，我们很重视传统。同时，在现代性上，我在园区、新区都做了不少项目，我们整个规划的控制、建筑的建造水平，以及对城市公共性的关照，都很好。通常城市中最好的地块，往往成为商业开发的热门，但在苏州，常常成为公共空间，这种大气，这种对公众的关怀，对城市公共性的支持，都是很有价值的。这种价值的支撑体系至少来自两个方面：一是地方经济的发展水平，二可能与文化的传承、与骨子里的人文情结有关。"

无论是自然环境，还是人文环境，苏州都使张应鹏很自豪。在这 21 年中，他更多地理解了苏州，更多地去欣赏苏州，更多地表达苏州。一方面，他力图在设计中、在空间中表达对苏州的理解；另一方面，他希望作为一个苏州市民，能利用自己的条件，把文化传递给更多的同行以及普通人。

对张应鹏来说，建筑不只是一个物理空间，它更是综合的文化呈现。苏州具有这样的魅力，它不仅是一个空间，不仅是一个形式的符号，它有更多的人文情怀。昆曲、评弹、园林、刺绣，包括生活方式，所有的东西叠合在一起，成为一种综合的文化。这也是张应鹏的价值取向，他认为建筑应该承载更加丰满的文化。

五

建筑师设计建筑，也同时设计了生活方式，这其中对社会的责任始终不能背离。

在一个权力与资本至上的社会环境中，张应鹏所关注的是作为一个建筑师如何在力所能及的前提下，为社会最基层的人们创造尽可能公平的生活空间。

张应鹏说："今天的建筑设计对我而言，并不只是完成一个空间，简单地满足功能并通过造型让空间变得漂亮。空间和形式只是一个媒介，传递的是我对社会、生活、人生价值的理解。这与文学一样，过去我们以为它在讲故事，但到一定年龄以后，故事便退到第二位，而故事所传载的历史、政治、社会环境、人物关系和作者试图通过文字所担当的社会责任才是最重要的。"

张应鹏回忆小时候有时会拉肚子，母亲便会从老屋后面的树上割下一些树皮熬水，非常苦但很有用。年幼的他并不爱喝这种苦水，于是母亲便会用票兑换红糖，兑糖水给他喝，冲着这碗红糖水他就会把药喝下去。其实建筑形式"漂亮"只是这碗红糖水，看上去一大碗甜蜜蜜的水是诱惑人的，它让人们更容易接受建筑师所传递的世界，潜移默化中作为一个替身执行了传递的行为。

作为一个建筑师，张应鹏说："我们是一个很特殊的群体，我们的服务对象主要有两种，'有权的人'与'有钱的人'。我们知道，一个社会

的进步程度往往在于对待弱势群体的态度。在与'资本'与'权力'的斡旋中，如何能以自然环境为前提，以空间平等为己任，不忘初心，以职业的技巧和专业的精神，争取多方共赢，才是一个有社会责任感的建筑师应该做的事。"

每一座建筑都反映了一个建筑师的社会态度，这是哲学带给张应鹏对建筑的反思。2014 年，张应鹏设计了梁希纪念馆，从某种意义上讲，梁希纪念馆是一次关于"反纪念性"纪念建筑的思考，是"反逻各斯中心主义"在建筑设计中的一次探索与实践。和古典主义、现代主义的很多传统经典法则相反，"反逻各斯中心主义"的设计不再强调中心、对称、整体性、确定性、必然性等纪念性建筑中仪式性的空间价值，而是转向了边缘、随机、片段、不确定、偶然性等日常性价值取向。梁希纪念馆的纪念性不是以建构的方式强化空间，而是以"反纪念"的方式融入日常生活之中，并因此从"为了纪念"的纪念走向"为了忘却"的纪念。

纪念馆最初的目的是为了让后来者以伟人为榜样，而不是把他的雕塑放大，让人们感到自己是卑微的蚕蛹，无法达到伟人的高度。张应鹏说："很多人认为无法把哲学的思考用于空间的转换，但是我都去尝试并且实践了，我把纪念馆做得很平缓，尺度很亲切，把被纪念的人变为邻家的老爷爷，这样的纪念才是我们的终极纪念。在建筑形式上，梁希纪念馆把强制参观者从头看到尾的过程变成一个无逻辑、随机、片断的过程。如果参观者有时间可以全部浏览，如果是无意中闯入展馆，片断式的浏览足够了，随意又轻松。"

在张应鹏的眼中，建筑学不应只是一个理工的学科，还应该含有人文和情感，功能化的城市显得越来越苍白、无情与冷酷。他说："我要在冰冷的泥土中悄悄放下我和善温暖的良心，让水泥和钢筋经过我的设计带着我的体温去温暖这个世界。"

郁霞秋：柔肩托起长江梦

2009年"苏州市十佳魅力科技人物"。坚信"科技兴企、人才兴企"，为新农村发展提供了一种自我提升的思路。

郁霞秋，长江润发集团有限公司总裁，高级经济师，中国科协七大、八大委员，九大代表，江苏省人大代表，省科协兼职副主席，苏州市妇联副主席。获全国三八红旗手标兵、中国经济女性年度人物、江苏省优秀民营女企业家等多项荣誉。她重视"科技兴企"和"人才兴企"，建立了长江润发集团有限公司科协，把公司办成了科技人员之家，得到中国科协，省、市科协的高度评价，被授予"非国有企业优秀科协"荣誉称号。她依靠科技人才的力量，把作坊式的乡镇企业发展成国家级民营股份制企业集团。她积极响应省委、省政府南北挂钩号召，在宿迁兴建了长江润发（宿豫）工业园，带领一大批苏南企业落户宿迁，为苏宿合作做出了贡献。2010年6月，长江润发机械股份有限公司在深圳证券交易所正式挂牌上市，成为苏州地区首家上市的村级企业。2011年，长江村荣膺"全国文明村"光荣称号。2016年，长江润发成功收购海灵药业等三家药企，正式迈入大健康产业。

郁霞秋

一

长江村曾经穷得远近闻名，"好儿不留长江村，好女不嫁长江郎"。离开这里，不再过"脸朝黄土背朝天"的苦日子，是村里年轻人最迫切的想法，郁霞秋也不例外。父亲郁全和是长江村的当家人，一心希望自己的乖乖女能够考上大学："女儿啊，走出这个村，找一份稳定的工作，你的未来才有希望。"

在父亲的叮咛声里，郁霞秋寒窗苦读，1981年，她终于考上了苏州医学院，成为长江村第一个女大学生。

大学毕业后，郁霞秋被分配到无锡市妇幼保健医院，刚到医院的时候日子很苦，每天要第一个到科室，最后一个离开，还要干所有的脏活累活。每天拖着疲惫的身体回到宿舍，她就告诉自己："我要坚持努力才能学到真经，一定不能让父老乡亲们失望。"父亲也经常鼓励她："我们在无锡没有什么背景，你要自己杀出一条血路来，站住脚。"

郁霞秋的性子，不急不躁，高兴时微微一笑，生气时也就皱皱眉头，特别适合医生这个职业。从大夫到主治医师，再到副主任医师，她慢慢地实现着自己的白衣天使梦。

然而，2001年春节，父亲的一个电话，改变了郁霞秋的人生轨迹。"女儿，你别当医生了，回来吧，帮帮我，也帮帮长江村。"郁霞秋一听笑了，以为父亲是在开玩笑呢，也同样用开玩笑的语气说："好啊！"没想到，这次父亲是认真的。

当郁全和真真切切地告诉女儿这个想法的时候，郁霞秋傻了。

她是吃了多少苦才有了今天啊！在医院刚当上科室负责人的时候，因为压力大，她几乎一天24小时都守在岗位上。有一次劳累过度，她晕倒在工作岗位上，在医院住了十天，一动都不能动……苦也苦了，累也累了，好不容易现在在医院小有名气，越来越多的人慕名来找郁大夫，而丈夫更是无锡鼎鼎有名的外科医生，夫妻俩的事业都在上升期，收入也不错，还有个聪明伶俐的儿子。生活的美好还没来得及享受，难道又要离开，去接受新的挑战？

郁霞秋三个月没有给父亲答复。

丈夫说，就听父亲的吧，你已经是一个成功的医生了，可以尝试一下不同的人生。母亲说，你不同意，你父亲天天睡不着觉，头晕病都犯了。母亲的话触到了郁霞秋的软肋，让心疼父亲的女儿感到了心酸，怕父亲操劳，也深知长江村在发展中遇到了人才瓶颈期，招不到大学生。也许此时是回报家乡与父亲的时候了，于是已近40岁的郁霞秋离开了心爱的医疗事业，离开了无锡的小家，踏上了村官路。同时，郁霞秋也是孩子的母亲，放不下未成年的孩子，把儿子从无锡带回了长江村。

二

2001年，肩负着父亲和全体村民无限期盼的郁霞秋，离开了奋斗了15

年的医疗事业，离开了无锡的小家，回到了长江村，任张家港市金港镇长江村党委副书记，长江润发集团有限公司副董事长、副总裁。外面也有一些质疑的声音，但郁霞秋铁了心："自己学了什么、喜欢什么都不重要，干出什么来才是最重要的。"

乍一看，当年从村里出发，现在又要回到村里，似乎绕了一个大圈，做了一个循环，可郁霞秋懂得，是循环，却绝对不是同一个平面上的循环，它是一种拓展和升华。

近 20 年的时间，郁霞秋基本上都在城市生活，平时放假偶尔回村，也只是串个门聊聊家常，和村里人接触不多。可做好农村工作，必须要接地气。为了能更多地了解村民百姓，也让村民们更了解自己，郁霞秋每天都走着去上班，路上碰到人，就会聊上几句家长里短。慢慢地，这村里哪家哪户有点啥事她都一清二楚，村民们亲切地称她"小郁书记"，有什么事都爱找"小郁书记"聊聊。从之前每天面对病人，到如今为村民服务，对郁霞秋来说，唯一不变的是倾听和微笑，为他们排忧解难。

放下手术刀，拿起榔头刀，说说容易，做做难。刚开始，郁霞秋不知道银行跟企业有什么关系，工商局是干什么的，企管局又是怎么回事。看不懂财务报表，报不出设备参数……有一次，郁霞秋代表村里与一国际知名电梯企业的客商洽谈，客商不时冒出"阴阳榫""负公差"等专业术语，她听得云里雾里，心里没底。

"就当我是刚刚大学毕业的，一切从零开始。"郁霞秋把老会计请到办公室恭恭敬敬地请教，一点点从头学；还跟着父亲在企业里跑，边看边琢磨……她还抽出休息时间，报读了上海金融管理学院、清华大学经管学院的 EMBA。"努力工作，虚心学习，除此别无他法。"

舞台变大了，担子变重了。当医生的时候，只要管好自己就行了，而作为企业管理者，更讲究团队合作，要面对一群人，养活一帮人。做生意避免不了应酬，酒喝多了还要喝，谈不来的也要谈，这让性格沉静的郁霞秋非常苦恼。但父亲说在商言商，你要改一改，做事情不能由着自己的性子来，万一有事情卡住就麻烦了。郁霞秋心里也明白，必须尽快适应环境，在适应中提升自己。她把企业当成自己的一个新"病人"，用另一双眼睛去观察它，延续好的方面，发现和治疗有问题的地方，并想办法预防新问题出现。

成功始于梦想，一个人只有敢于梦想并付诸行动，才能激活生命的力量；如果丧失了目标和梦想，那么，来自任何地方的风都是逆风。郁霞秋相信，一心向着目标的人，整个世界都会为他让道。

三

小心翼翼，苦心经营，如履薄冰。终于，2005 年 10 月，郁霞秋名片上的头衔从长江润发集团副总裁变成了总裁。

虽然父亲和女儿一脉相承，心灵相通，很多事情都会不谋而合，但渐渐成熟的郁霞秋已经不像一开始那样对董事长父亲一味地"乖顺"了。有些时候，面对父亲的一些决定，别人不敢反对，她敢。两代人之间的观念差异，导致了有时候父亲不理解她，她也不理解父亲。

父亲事必躬亲，安排客人食宿都要自己跑去跟服务员讲。郁霞秋觉得不对，那么多部长、主任、秘书都是干什么的？这样做事太累。下属来报发票，敏感的她总能一眼看出哪个是假票，哪个是伪账。父亲不以为然，觉得大家在工作岗位上兢兢业业，漏掉点发票没关系。郁霞秋急了，现在不是过去了，赚一分钱都很难，内部松一把漏洞就太多了。她发现企业的产权结构不合理，就提醒父亲不能光凭董事长的威信控制企业，必须要改！好在父亲并不是一个思想僵化的人，对女儿的很多提议，他都接受了，但让他没想到的是，女儿越来越"不听话"了，胆子也越来越大了。

刚上任总裁，郁霞秋就来了一通改革，把人事、财务、投资、管理以及所有福利全部统一协调。有人不服管，想独占山头，她也毫不客气："你不去努力却又想牢牢坐在这里？我第一个就要把你拔掉！不要以为这个位

置就非你莫属，人才多的是！我希望企业好大家一起好，而不是哪个人好了把企业败下来。"

集团看门的本来都是年纪大的村民，晚上睡觉沉，联防队敲门都敲不醒。郁霞秋让他们退休，安排了年轻的保安。

......

这新官上任的三把火，烧得很旺，也"烧伤"了不少人。"伤到"的人纷纷跑到父亲郁全和那里去告状。

菩萨心肠的父亲一生把长江村的乡亲当作亲人，他这一辈子的辛苦奋斗都是为了他们，作为这个大家庭的家长，自然看不得乡亲们受委屈，他把女儿狠狠地骂了一顿。郁霞秋觉得委屈："我做黑脸，你做白脸就是了，你是董事长，该抓大事，管投资，人的问题就该我管，你管了还要我这个总裁干什么？实在不行我的股金全不要了，你放我回去当我的大夫。"父亲不吭声了，闷头抽着烟。郁霞秋也明白父亲的心思，她意识到很多事情不能操之过急，毕竟改革需要父亲的支持。事后，郁霞秋每个月都会向父亲汇报一次工作，很多事情先跟父亲说一声，让他心里有个底。

四

科学技术是第一生产力，而科学的灵感，绝不是坐等可以等来的。如果说，科学上的发现有什么偶然的机遇的话，那么这种"偶然的机遇"只会给那些学有素养的人，给那些善于独立思考的人，给那些具有锲而不舍精神的人。

郁霞秋相信科技的力量，更相信人的力量。回村工作不到一个月，她就策划筹建了长江科学技术协会，集团下属各子公司设立了科协小组，开展各种科学创新和技术创新活动。每个月，郁霞秋都会抽时间和科技人员们沟通、交流，听听他们的所思所想。在很多人的印象里，搞科技的人往往不善言谈，郁霞秋反而觉得那是他们思维缜密。她的真诚感染着大家，科协真正成了科技人员的家，在这里，他们所有的想法都能得到尊重，所有的合理化建议都能得到回应。

在企业不断发展的过程中，郁霞秋越来越清楚地认识到，科技是基础，人才是关键，科技和人才如同两个车轮，共同承载着企业不断前进，缺一不可。"人尽其才，才尽其用"，郁霞秋用"事业留人，感情留人，待遇留人"，在父亲的支持下，制定了"一套房子、一个位置、一份股金"的"三个一"政策：因为深知员工生活的不容易，更知道安居才能乐业的道理，所以符合条件的科技人员都能得到一套 60—120 平方米住房的使用权；合适的人要放到合适的位置上去，专业不同、能力不同，但每个人在这里都能找到属于自己的位置；这一份股金更是吸引人，博士生 100 万，硕士生 50 万，本科生 15 万，每年都可以分红。

郁霞秋还设立了科技创新奖励和科技人才晋升机制，每年会拿出几十万的专项资金，按照贡献大小对科技人员给予不同的奖励。而"一帮一"结对子，"学、帮、带"，这些看似有些"过时"的形式，则扎扎实实地提高了科技人员的技术素质，也让大家的心紧紧地连在一起。虽然离开了医生岗位，郁霞秋仍然保留着"医者父母心"的那份人文关怀，依旧用一颗温暖的心关爱着所有的员工。

创业不守业，郁霞秋奔波在机遇与挑战并存的道路上，要抓住机遇就必须勇于挑战，敢于挑战才会有机遇。面对市场大潮，她带领企业主动适应新常态，加快转型升级的步伐，提出"传统产业科技化、传统设备自动化、传统产品高端化、传统管理信息化、传统人员素质化"的发展思路，实现"制造"向"智造"的转变，研发出了行业首条超高精度导轨自动化流水生产线，巩固第一民族品牌的行业地位，在做精做优现有产业的同时，顺应"健康中国"的新理念，大步迈向大健康产业，成功收购了海灵药业等三家药企，并稳步推进太湖新城妇产医院项目，以医者的仁爱、博爱之心，回归初心，回馈社会。

……

创新的故事不胜枚举，而在郁霞秋的努力下，省院士专家工作站、省博士后科研工作站、省电梯导轨工程技术研究中心等科研机构也纷纷落户长江，近水楼台先得月，这得天独厚的有利条件为企业保持持续创新提供了坚实的保障。

五

"滔滔长江水，堂堂长江人，荒滩创大业，新村四季春……"郁霞秋一边比画着节拍，一边开心地唱着，她每天都要唱这首《我们是堂堂长江人》的村歌。让农村更美丽，让农民更有尊严，这是郁霞秋的心愿，她也一直为此努力着、奋斗着……

郁霞秋继承了父亲对长江村的大爱，她说："农村是中国社会组成的基本细胞，如果一个小村庄能实现经济强、百姓富、环境美、社会文明程度高的目标，那我们的'中国梦'就能实现了。"

长江村的老百姓也庆幸有这么一个领头人，如今，大伙儿基本上都住进了别墅式洋房，家家开起了小汽车，日子过得和和美美。"让老百姓得到实实在在的好处，才是真正地做好事。"郁霞秋始终这样觉得。

家乡的父老乡亲们从此过上了比城里人还要好的生活。

92岁的丁娟老人坐在自己门前的藤椅上晒着太阳，前面不远处是刚修好的村民休闲长廊，三三两两的村民拉扯着家常，偶尔和老人搭上几句话："您老身体好啊？""大孙子回来看您没？"老人耳朵有些背了，听见有人说话，就呵呵呵地笑笑："好啊，好啊。"

老百姓吃饱穿暖了，就想追求精神上的满足。村里支持组建了老年舞蹈队，有空的时候，大家就一起排排舞蹈，跳跳健美操。只要有时间，郁霞秋也会跟大家一起唱唱跳跳，夕阳西下，风景这边独好。

村民们还享受到了比城里人更好的保障，全村建立了"按劳分配、按资分配、按需分配"的分配体制，实现全民就业、全民社保，有困难的村民能得到定期补助。

重阳节，村里还办起了一场"村晚"，晚会上，117 对金婚老人、27 对钻石婚老人数十载风雨同舟、相濡以沫的幸福感染了所有人。"这是对年轻人最好的教育。善待老人，就是善待明天的自己。"

……

作为曾经的妇产科大夫，郁霞秋还关心着村里广大妇女的健康。她主导"一站式服务体系"，在家门口办起了专业的社区医疗分中心，定期邀请医院专家，开展妇女"两癌筛查"，让长江村的妇女们健康和美丽同行。

……

未来，郁霞秋希望有更多的年轻人能和自己一起，为了"美丽长江、实力长江、幸福长江"的未来努力。"一心向着目标的人，整个世界都会为他让道。"她深信不疑。

周为群：探索智慧城市空间信息共享的"拓荒牛"

2009 年 "苏州市十佳魅力科技人物"。首创"城市精细化空间信息服务"理念，打造国内最精细的苏州城市公共空间信息库。

周为群，苏州数字地图信息科技股份有限公司董事长。作为苏州市地图应用开发中心主任，周为群将一张《苏州交通旅游图》，拓展为《苏州城市地名图》等几十类地图，出版了苏州第一本大型的《苏州地图册》。2004 年，创建苏州首个网络数字地图——苏州地图网。2005 年，成立苏州数字地图网络科技有限公司，专业从事 GIS 平台开发应用和苏州城市基础数据库建设工作。2015 年，"苏州数字地图网络科技有限公司"完成股份制改造并整体变更为苏州数字地图信息科技股份有限公司，于 2016 年 1 月在新三板挂牌上市。

一

据说，世界上最早的地图出自中国西汉早期的吕后末年，大概是公元前 180 年左右，离现在已经有两千多年了。地图，在和平时期为人们指路，行军打仗的时候更是军事指挥上不可或缺的工具。现在，出门旅行、找地方找人，甚至公司、机构制定策略战术都离不开这个好帮手，它和我们的日常生活息息相关。

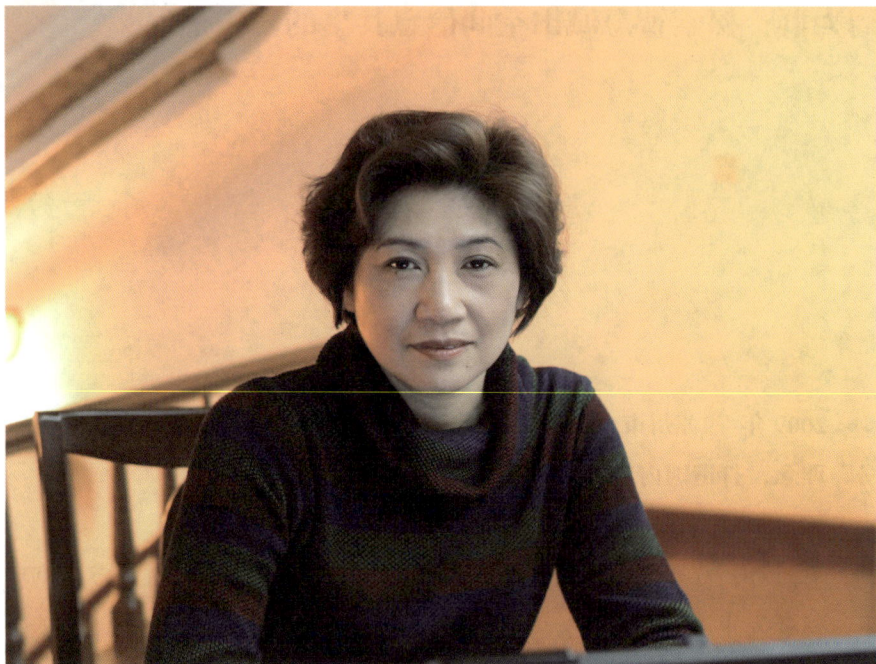

周为群

　　周为群最初对地图的认识，也仅限于此。有人说，人生是由无数个偶然组成的必然，对此，周为群深以为然。1997年，因为一个偶然的机会，她到了苏州地图应用开发中心工作，从此开始了与地图的不解之缘。

　　刚上班的时候，周为群情绪高涨，"不就是推销个地图嘛，这活儿应该不难干！"初生牛犊不怕虎，周为群拿起电话就打。但是往往三句话还没有说完，对方就不耐烦地挂断了电话。连续打了几个电话，都被对方一口拒绝了，这一整天，周为群都是无精打采的样子。

　　暂时的情绪低潮过去后，周为群就开始想着到底怎么才能把地图卖出去，她在笔记本上记下自己的短处，琢磨着怎么发挥长处，怎么弥补短处。

　　电话销售容易被拒绝。那就上门推销，一家家地跑。俗话说得好，伸手不打笑脸人嘛。苏州地区几乎所有能卖地图的地方她都去过，新华书店、

文化市场、路边小店、高速公路出口……

世上无难事，只怕有心人。

一年不到，周为群就"玩熟"了业务，几年后便开始执掌开发中心的"帅印"。20世纪90年代末的苏州，园区和新区还处在发展初期，公交线路也是有限的二三十条。进入21世纪后，苏州的发展进入加速期，地图的出版周期从一年一版到一月一版，种类也越来越多，中英文版的《苏州交通旅游图》、专业的《苏州房产导购图》《苏州道路信息管理图》……2003年，周为群和同事们一起用了三年的时间编制出版了苏州市第一本地图册《苏州地图册》。

随着业务量从十万张、三十万张、五十万张到八十万张……似乎地图的销售量已经触到了天花板，传统的地图市场已经饱和。改变才是生活的常态，此时互联网已悄然进入人们的生活，周为群就想："能不能利用网络来发展地图呢？未来城市的发展肯定还是离不开精确的城市地理信息的呀。"

说干就干，不过专业的事情还是得找专家。周为群想办法找到了北京地理信息领域的专家，打听怎么制作电子地图，专家介绍了一款名为阿格基思（ArcGIS）的软件，她二话不说就买了回来。问题是，买回来了怎么用呢？周为群只能和同事们从零开始，学习怎么制作、发布网络地图。但有时候总感觉有些力不从心，怎么办？看来还是得巧借力，周为群找到了一家软件公司，和他们约定，一方面委托这家公司制作苏州地图网，另一方面请他们培训自己团队的工程师网络制作技术。这样"空麻袋换米"，项目和技术培训"一勺烩"，正好两全其美！

技术的问题好解决，那么内容呢？电子地图和纸质地图不一样，信息容纳量远远高于传统的纸质地图，怎么办？周为群想，人家谷歌、百度当初做地图的时候不是用"人肉"搜索嘛？那咱就依葫芦画瓢呗。于是乎，那时候的苏州大街小巷，处处都能看到"傻傻"地"扫街"的人，他们一个个一手拿笔一手拿地图，一条街一条街、挨门逐户地问，一条条记录下来。

有了原始数据后还不够啊，地图的数据采集是有行业标准和规范的，严格地讲是专业技术活儿。怎么办呢？"还是用老办法，借力呗！"周为群通过一个好朋友的介绍，和一家具有导航资质的企业合作，自己公司为对方采集苏州城区数据并负责数据的维护工作，而对方呢，则负责提供数据采集的相关标准和采集经费。

2007 年的一天，周为群接到了一个电话，是苏州公安系统的一个单位打来的，对方知道她的公司掌握了好几万条城市信息数据，说想谈合作。放下电话，周为群的心开了一朵花，她知道，有些坚持终于等到了"芝麻开门"！

二

就在这一年，周为群打听到苏州市科技局的"苏州市科技发展计划项目指南"有一个关于"苏州市区公安警务地理信息综合应用研究与示范"的项目。"这是我们的强项啊，一定要想办法争取这个机会。"连续几天，周为群跑到苏州科技局去找负责这个项目的负责人。"对不起，你们公司没有被列入项目提报单位。下次有机会再说。"闭门羹吃了一个又一个，周为群没有气馁。"请至少给我们一个展示的机会。"最后，负责人被她的这股韧劲所感动，答应可以看看他们的项目计划书。

接下来的几天，周为群和同事们在公司夜以继日地赶制项目计划书，饿了就叫个外卖，困了就沙发上躺会儿，身体虽然疲惫，精神却极度亢奋。终于完成了项目计划书，周为群还是有些不放心，她托朋友找到相关方面的专家，想先把把脉。

"嗯，你们这个计划书的技术含量非常高，符合苏州科技局的项目要求，是绝对的 A 类本。"听了这话，周为群像吃了颗定心丸，一直悬着的心终于放了下来。她信心倍增，想着怎么能尽快地实施这个计划呢？还是得毛遂自荐，周为群又直奔苏州市公安局，找到相关负责人开门见山地说："我

们免费为你们开发这个项目，只需要签一个合作协议。"事情竟然就这么办成了！

努力终有回报。2008年4月，在北京奥运会火炬传递即将到达苏州之际，苏州公安部门就采用刚开发完毕的 GIS（地理信息系统）监控技术，对火炬传递线路进行监控预案准备：首先在电子地图上描绘出火炬接力线路所经过的道路轨迹，监控系统便可以自动搜索出这条线路周边所有相关的监控设备。公安部门就能进一步对设备进行筛选排序，对沿线监控分布不足的地方，直接在线添加新的监控设备，最终形成一个预案，保存在数据库里。这样，当火炬传递时，公安部门只要在电脑前登录系统，便可以调取这个预案数据，查看正在进行的火炬接力实时监控的视频画面。出现突发状况的时候，监控中心便可及时调度现场执法人员，迅速维持现场秩序，确保火炬接力顺利完成。

奥运火炬终于传递到苏州的那天，老百姓们夹道欢迎圣火的到来，看着火炬传递线路两侧飘扬着大大小小的五星红旗和奥运会会旗，这一刻，周为群深深地感受到了一种幸福，这种幸福无法言喻。

三

正当周为群带着团队扬帆远航的时候，2009年，金融危机气势汹汹地来了，公司的发展遭到了难以突破的瓶颈。更让周为群难过的是，就在这个时候，公司的两位技术骨干相继离职，没有任何理由。道不同不相为谋，周为群对他们的选择表现出了极大的理解，心里却有苦说不出。"我该怎么办？"周为群连着几个晚上都失眠了，但早上还得硬撑着去公司，作为主帅，她不能让下面的人感觉到她的无助和迷惘。

"一个女人，干吗这么拼呢？"家人、朋友都心疼她。"难道要放弃？前面的努力都白费了？"周为群想起了自己刚开始销售地图的时候，她在心里告诉自己："绝不能放弃，办法总比困难多。"

危机常常不邀而至，但危机中也包含着转机，只是我们习惯性地只看到"危险"，而看不到"机遇"。而这次，周为群既看到了"危险"，也看到了"机遇"。她思考着：企业的竞争就是人才的竞争，当务之急是要把人才请进来。但资金从哪里来？周为群思考再三，鼓足勇气和家人商量，想把家里的房产抵押给银行。"你疯了吗？万一不行，咱们连住的地方都没有了！"周为群想象到了家人的这个反应，她宽慰着："再给我一个机会，我已经有方向了。再说，只要你在我身边，哪里都是家。"这一番恳切的言辞，终于让爱人点了头。房产抵押后，资金问题终于暂时得到了解决。

俗话说，家有梧桐树，才能引得金凤凰，但公司现在这种状况，怎么吸引人才呢？周为群想：对人才来说，最希望的就是能有发展的空间，这是我们现在最大的优势啊。她发出"招贤榜"，希望朋友们多多为她举荐人才。这时，北京的一位朋友给她介绍了两名专家，他们对周为群的设想很感兴趣，但各有顾虑。"你们有什么要求尽管提，只要我能做到的，一定全力以赴！"巾帼英豪的本色让周为群终于收获了两员大将，在他们的带领下，公司制定了新的技术路线，搭建了新的技术平台。在两名专家的建议下，周为群又引进了九名 GIS 软件开发人员，一切又开始生机勃勃。

果然，周为群又有了一次机会，获得了"基于公共空间地理信息数据库的业务流程外包服务平台"这个科研项目。为了让项目顺利完成，他们给它起了一个好听的名字叫"凤翔计划"，寓意着"浴火的凤凰重生，将再次展翅飞翔"。

四

随着整个社会发展网络化、信息化趋势的明朗，周为群意识到：未来的城市管理离不开基于网络平台的综合信息的精细化处理和服务，互联网＋大数据是未来的发展方向。周为群果断地以提供精细化的"智慧城市空间信息服务"作为公司今后发展的目标，要求数据"全、准、新"，用"专

业化、精细化、外包化"的技术服务来降低政府、企业和公众对城市综合信息的使用门槛。

有了明确的目标和方向，周为群更是不顾一切地投入到事业当中，然而长期高负荷的工作让她的身体每况愈下，感冒咳嗽是家常便饭。家里人很担心她，经常跟她说："找个时间去医院检查一下吧，身体要紧。""知道了，等我忙过这个阶段，这个项目正在关键时刻呢，我走不开。""再过几天吧，这两天有个项目要签。""这段时间感觉身体挺好的，不用去检查。"……

直到 2013 年 7 月，周为群感觉呼吸不畅，吞咽也有些困难，在家人的催促下，终于抽出时间去医院检查，结果如晴天霹雳，她被确诊为甲状腺癌。"为什么是我？怎么会是我？……"刚知道病情的她，抱怨着命运的不公。"我的事业刚刚有了起色，未来，我还有很多的梦想要去实现，为什么会这样？"这样的状态持续了两天，周为群又恢复了她的乐观本色："可能是老天给我的又一个考验吧，天将降大任于斯人也嘛。"面对愁眉苦脸的家人，她鼓励说："咱们要战术上重视，心理上藐视。"

这一天下午就要安排到上海肿瘤医院住院了，周为群上午还在公司接受了一个采访。手术期间，周为群仍然心心念念着公司的状况和业务的进展。"你就不能好好休息吗？身体要紧还是工作要紧？""都要紧，不让我想工作，我就会胡思乱想了。"面对家人的唠叨，周为群总是能想出一些"歪理"。出院当天，脖子上还贴着纱布呢，就坐上来接她的车子从上海直接奔回公司。一身素雅的连衣裙，脖子上围着一条靓丽的丝巾，不知道的人还以为她是度假回来呢。处理完紧急工作，周为群才在家人的催促下回家休息。

好不容易在家休息了一个星期，闲不住的周为群就按捺不住要回公司工作。"你就不能在家好好休息？"家人埋怨她不顾惜自己的身体。"我会掌握好节奏的，肯定以自己的身体为第一，再说，我只要动动口呀。"家人经不住她的"胡搅蛮缠"，只得答应她。终于又回到了自己的办公室，周为群拿出办公室橱柜里珍藏的那张 1997 年地图应用中心出版的《苏州城市交通图》，抚摸着，感受着曾经的那份美好。"不忘初心，方得始终。"

五

一切都是最好的安排，经历了一场大病之后，周为群看得更远、更深了。在她的带领下，2014 年 9 月，苏州市警用地理信息技术（智慧公安）重点实验室在公司落地。这个重点实验室从实战需求出发，促进 "数字公安"向 "智慧公安"转型。

作为实验室已取得的成果之一，"标准地址库"项目已在苏州警方日常接处警中使用，导航可以直接精确到门牌号，迅速精准定位案发事件发生地。如果碰到突发重大警情，指挥中心能迅速定位到相关轨迹，调集监控探头抓拍到的嫌疑人面部特征进行分析筛选；通过地理信息技术计算，警情发生地周边半径 2 公里范围内的所有道路信息、布控点位，几秒钟内统统显示在大屏上。同步计算出现有的警力资源、警用车辆的实时位置后，指挥中心通过短信发送或者电台呼叫，将嫌疑人、车辆信息等主要破案信息通知被劫持车辆周边所有警力，在最短时间内部署，确保嫌疑人无法逃出这 2 公里范围的包围圈。

标准地址公共服务平台的建成，不仅解决了公安人口管理、案事件管理、社区管理中的实际困难，还能在更多民生领域发挥作用。

2016 年 5 月，苏州 "智慧民政"地理信息技术与应用工程中心又在公司落地。标准地名归民政部门管理，标准地址归公安部门管理，所以很长一段时间里存在这些问题：地名地址数据不标准、唯一，数据来源不一致；地名地址数据更新效率低，时效性差；部门间数据不能互通共享，各自为政，重复投入，等等。

"我们早在 2013 年就完成了地名信息服务平台的建设，2014 年开始建设标准地址服务平台，这些都是基础。而苏州市智慧城市公共地名地址数据中心建成后，就能保证标准地名数据在地名信息系统与公安数据系统

间自动同步，确保了数据的即时性、准确性。我想，这就是我们为这座城市的发展做出的一点贡献吧。"

一切听起来都是那么理所当然，个中的困难是旁人所不能体会的。"碰到困难就解决困难，解决完了还有下一个，再继续……"这种勇往直前的魄力也许是天性使然吧，周为群笑言自己是"属老虎的狮子座 B 型女"，从来不知道眼泪是什么滋味。

2015 年，周为群接到了编制"中国城市地图集"丛书分册《苏州城市地图集》的任务。"我们做研发是强项，编辑图书是头一回啊。"周为群说，"但我们的数据信息完整、丰富，也只有我们才能做。"带着一点小骄傲，他们一步步完成了这本地图集的整理和编排，不久，即将正式出版。

以前，周为群总想着，做好苏州的智慧城市空间信息服务就够了，现在，她的蓝图越来越大："要把苏州的这套模式扩散到全国的政府部门，打造出一个城市智慧管理的网络平台，一个空间信息管理和服务的王国。"

独墅湖畔的腾飞创新园里，有一幢小楼是属于他们的，不久，周为群就会把公司搬到这个静谧的生态花园里，她的梦想，将在这里继续……

周成虎：地理信息系统与遥感应用的"领头羊"

2015 年"苏州市十佳魅力科技人物"。致力于打造高新技术驱动的地理信息朝阳产业孵化平台，积极整合科学院系统科技品牌与优质科技成果资源，着力发掘地理文化与教育产业优质市场。

周成虎，中国科学院院士，我国著名的地图学与地理信息系统科学家。2012 年，周成虎院士创建了中国科学院地理信息与文化科技产业基地，2013 年担任中科苏州地理科学与技术研究院院长。在他的带领下，国家遥感应用工程技术研究中心、国家地理信息系统工程技术研究中心等 2 个国家工程中心的苏州分中心已获批建设，同时获批的还有 1 个省级工程实验室和 2 个市级工程技术研究中心。目前，基地已注册成立并运行 15 家专业化科技型企业和 3 个产业园公司，云集了各类技术人员 400 余人，其中研究生以上学历占 39%，高级职称人员占 10%。

一

在周成虎的设想中，如果人们能将地图作为一种方法论，去处理、分析其中的大数据，就能得到无穷无尽的科学发现。

周成虎平时话不多，但一跟他谈起地理学，他马上就来了劲头。这位

周成虎

中国科学院院士连窗外一条普通街道的历史都能信手拈来。坐在他堆满了专业书籍和文献的办公室里，让人不得不感慨，他的确是个不折不扣的"地理迷"。

而这份痴迷，从他青年时代就已扎下了根。

三十多年前，在江苏省海安县的一所中学里，16岁的周成虎面临人生中的一个重大抉择——高考填报志愿。"当时我心里没有太多的想法，但对数学特别感兴趣。"周成虎回忆。但他的班主任俞广杰先生早就有想法，并替他拍了板："你哪儿也不要去，就去南京大学地理系！"只怕俞老先生也未曾料到，他这一句话，促成了日后一位在地理学领域颇有作为的科学家。

20岁大学毕业后，周成虎到了中科院研究生院（国科大前身）继续深造。正是这段短暂却充实的时光，令周成虎终身难忘，也为他日后的厚积薄发打下了扎实的基础。有着小巧三角形房顶的玉泉路校区礼堂是最醒目的建筑；靠近校门处有一排低矮的平房，被戏称为"地震棚"，学生们就在这里上课；礼堂前还没有栽上草坪，只有一个小小的篮球场，是年轻人尽情奔跑、流汗的地方……周成虎说，尽管当年学校的硬件设施稍显简陋，但校园中的学习氛围却非常浓厚，这一点，最令他怀念、眷恋。

一路走来，周成虎似乎总是在搭"早班车"——16 岁就考入南京大学；年仅 25 岁就被破格提拔为副研究员，成为当时中科院最年轻的高级研究人员；32 岁他又担任了中科院资源与环境信息系统国家重点实验室主任，同样，是当时最年轻的国家重点实验室主任；49 岁当选中国科学院院士。

"出名需趁早"，在提倡效率、提倡"人生规划"的现代社会，"大器早成"的周成虎可能是"最佳典范"了。

令人意外的是，周成虎却总说自己"没什么想法"，"对自己没什么要求"。他甚至说："有太高的目标不是件好事儿，做事情要根据难易程度，循序渐进地来做。"对抱着这种人生态度的周成虎来说，很多"好事"似乎都是"无心插柳"的结果。

"无心插柳柳成荫"，"道是无心却有心"。"大器早成"靠的不是走捷径，而只是用最"笨"的办法，用心做好该做的事。

二

周成虎坦言，自己的成长得益于多位导师和前辈的悉心栽培。"我们上学那会儿，每位导师带的学生都不多。我读硕士时，研究组里有 6 位老师，就只有我一个人是学生。我很幸运，虽然我的导师是汤奇成先生，但组里的每一位老师都像导师一样教导我、关照我。"

那时候北京人还得凭粮票买粮，每人每月 32 斤的定量供应，其中只有 6 斤大米，其余大多都是粗粮。这让来自江南鱼米之乡的周成虎很不习惯。为了让这个年轻的学生生活得好点，每位老师都把自己家里本就不多的细粮分给他一些。这点滴的恩情，令周成虎至今不能忘怀。

　　生活上的帮助还是次要的，在周成虎眼里，更重要的是每位老师都亲自传授给他一些珍贵的知识和经验。"我自从进入中国科学院，就天天跟几位老师待在一起，亲眼看着他们是怎么做研究的。这些老师都非常敬业，野外调查与观测认真细致，对室内样本测试数据处理倍加仔细，绝不放过任何一点错误。就是这种言传身教，让我对科研工作有了真切直观的了解。"周成虎的英语底子很好，一些老师把他们论文的中文摘要写好后，就交给周成虎翻译成英文。"我经常很自豪地开玩笑说，我们组所有的论文，第一个读者都是我！"

　　老师们对周成虎的熏陶是显而易见的。正是因为这些原因，到硕士毕业的那年，周成虎毫不迟疑地选择了继续攻读博士。幸运的是，周成虎这次又遇到了一位大师——我国现代地图学、遥感科学和地理信息系统的奠基人，一代学术泰斗陈述彭先生。作为陈先生博士研究生的开门弟子，周成虎学到了很多东西。就这样，一位又一位优秀的老师，就像传递接力棒般，把热情燃烧的科研火炬传递到周成虎手里，照亮了他未来的科研生涯。

　　跟着中国地理学的前辈做研究，而且"上来就能参与大项目"，周成虎解决实际问题和把握宏观问题的能力得到了迅速提升。但传统地理学是以野外考察、资料收集等为主的经验学科，在周成虎看来，如果只停留在现象的描述和应用问题的求解，就很难找到底层的理论，也难以挖掘出观测结果背后的共性规律。渐渐地，从应用研究起步，周成虎开始向应用基础研究方向靠拢。

　　提到基础研究，有一个机构的名字就不得不提。从成立之初就致力于支持基础研究发展的国家自然科学基金委员会走进了周成虎的视野。2002年，他获得了自然基金委设立的国家杰出青年科学基金，资助金额为100万元。

　　在科研经费并不十分充裕的十多年前，100万元可不是个小数字。周成虎用这笔经费，完成了一件地理科学的基础性工作——全国地貌条件调查与地貌图的编制。

在继承两代前辈科学家研究成果的基础上，2008年，历时十年完成的《中华人民共和国地貌图集（1∶100万）》问世，作为全世界第一部国家级地貌图集，它实现了中国海陆地貌图的无缝拼接，是反映中国自然资源、自然条件以及生态和地理环境的重要基础图件，是研究气候变化、环境保护、灾害监测等必不可少的基础资料和依据，更成为全国农业、林业、水资源等区划或规划、地域性工程建设，以及军事和科研部门与公众教育等必备的参考资料。

"实际上，这部图集中用到的科学方法和关键技术，主要就是通过'杰青'项目攻关完成的。"周成虎感慨，"这项工作实在是太基础了，需要很长的时间，又发不了什么论文，所以当时没有太多的人愿意做，甚至对此工作的重要性也还不太理解。但基金委对科学家始终很宽容，我们可以提出自己想解决的科学问题，然后进行自由探索。"

三

平日里的周成虎总是带着一抹安静的微笑，很少发火。因为他沉静好学，不爱凑热闹，他的同学、邻居们都以为他只是个低调的"学霸"。出人意料的是，周成虎其实有着丰富多彩的爱好。

在他办公室的书架上，除了专业书籍外，还有大量题材各异的书籍、杂志。"我什么书都看，尤其爱看人物传记。"《爱因斯坦传》《巴顿将军》《乔布斯传》《宋美龄画传》《普京传》……从不同的人物身上，周成虎总能独具慧眼地看到他们的亮点。

周成虎非常喜欢《乔布斯传》这本书，乔布斯身上有两个特点给他留下了非常深刻的印象。"第一是激情。激情能让生活变得精彩。没有激情的人，不管做什么都是被动的；一旦有了激情，人的思想和行动就会很奔放。乔布斯就是这样一个人，因此尽管他性格乖僻、暴躁，却仍有那么多人被他的激情所召唤，愿意跟着他打拼。第二，乔布斯有把一件事情做到

极致的精神。我认为这正是现代社会所欠缺的。我从小在工厂长大，过去厂里的师傅们做一个小小的螺丝都那么精细，现在工具、技术更加先进了，出厂的产品却反倒毛毛糙糙的。不知从何时起，很多人不再尽可能地做好手头的工作，这是非常令人遗憾的现实。而乔布斯的故事则向我们证明了，这种精益求精、追求极致的态度能创造出怎样的奇迹。我们做科研的人，尤其应该追求把事情做到极致！"

除了读书，周成虎还有一个艺术爱好。"我对艺术设计很有兴趣，喜欢自己设计一些画册。因为我有这点儿'技能'，科学出版社还请我帮他们做过一些工作。"

有趣的是，周成虎还把这份爱好融入了自己的指导教学中。在他的研究组里，每名学生都有一本导师亲自设计的《时间日记》，封面上，还印着拿破仑的名言："时间是人们最宝贵的不可再生资源。""有一个窃贼，它偷去了人们最宝贵的东西却从不遭到惩罚，它就是时间。"周成虎想用这本详细到每一小时的每日计划提醒自己的学生，要珍惜宝贵的学习时间，不要虚度光阴。

"我自己就一直坚持这么做。人一定要学会管理自己的时间，要弄清楚'时间都去哪儿了'。尤其是现代社会，大量不必要的信息占据了人们的时间，每个人都面临'时间碎片化'的危机。在这种情况下，时间管理就显得尤为必要。"

四

除了"院士"这一耀眼的头衔，周成虎还有着另外一重身份——九三学社社员。作为一名民主党派人士，周成虎连续多年当选全国政协委员，他在生态环境保护、科技应用、创新人才培养、推动信息化建设等方面积极建言献策，提出了很多观点独到、具有现实意义的提案。

谈起自己担任政协委员的初衷，周成虎说："任何一个老百姓，包括知识分子，都应该主动承担自己的社会责任。特别是知识分子，要用自己的所学所想、所作所为为全社会树立榜样，弘扬这种社会责任感。"古人讲"书生报国无他物，唯有手中笔作刀"，周成虎却不无遗憾地说："现在的读书人，本应肩负起更大的责任，但现实却是，很多人连'笔作刀'都没有做到。"

周成虎是一个很有责任感的人，在担任政协委员的这些年里，周成虎的提案涉及从科研到民生的诸多方面。"近几年来，我和另外几位科技界的政协委员探讨最多的，就是如何让科研预算体系更为合理化。我们国家对科研的投入其实很多，但是由于现有的经费预算体系不符合科研工作的客观规律，导致相当程度的资源浪费，科研领域的投入与产出不成正比。我在地理所做过财务管理工作，对这一点体会尤其深刻。"周成虎说，"科研工作具有多样性，不同的研究使用经费的方法也不一样，统一的经费预算方案无法满足各个研究领域的个性需求。此外，科研归根结底是一种高度的脑力劳动，其中最重要的不是设备仪器，而是灵活深刻的头脑。因此，科研经费的使用也应当以人为本，体现对脑力劳动者的尊重。""我将一直关注和推动国家对科研经费体系的改革。"

一个人能做的事情毕竟有限，但是身为一名知识分子，就算没有改变世界的力量，也要尽可能地改善自己，通过做一些力所能及的小事，承担起肩上的责任，不要辜负社会对知识分子这一群体的期望。没有豪言壮语，周成虎只在点点滴滴处做着自己该做的事。

五

在周成虎眼里，地理学是个"万金油"，它与交通、工业、人文、城市等领域交叉，就能演变成新的学科。比如可以利用人们的手机信号，找到人口流动的变化规律，进而去研究城市的土地利用状况，探索城市动力特征。

"这其实就是一种地图。"在地理学的定义中，地图是自然、人文、社会、经济等的数据集成、分析表达的一种方法、技术和理论体系。尤其是当世界进入电子时代后，地图就更能反映出一个国家政治、经济、文化的发展与变化。

如果人们能够画出节假日期间人流、物流地图，就能找到不同城市之间存在着怎样的联系；如果掌握了中国和邻国之间贸易、外交往来的地图，就能探寻中国地缘政治和地缘经济的变化趋势。

"我要把这张地图继续画下去，画得更大……"

2012 年，周成虎来到了苏州，创建了中国科学院地理信息与文化科技产业基地，并在 2013 年担任中科苏州地理科学与技术研究院院长。他看到了转型升级战略的机遇到来，积极整合科学院系统科技品牌与优质科技成果资源，着力发掘地理文化与教育产业优质市场，希望通过拉动社会投资，更好地推动苏州高新区第五大千亿规模产业的形成，打造以苏州为中心，遍布全国的地理信息与文化产业总部经济。

虽然掌握着国内外先进的地理信息技术、优质的科技成果，但是科技成果的转移升级必须与市场结合起来。如果只有技术而没有市场经验，要支撑起这样一个产业化基地，不是件容易的事。在基地刚起步阶段，总是困难重重。从建立领导班子到基地建设整体规划，从组建精英团队到基地基础设施建设，从产业布局到公司组建，从生产到运营，周成虎攻破了一个又一个难关，周成虎说过这么一句话："做事情，不管你喜不喜欢，要做就要尽可能地做好。"这句话说起来简单，做起来却很难。

在苏州工作近四年，他已经爱上了这座城市：天时、地利、人和，一切恰到好处；经济发展、政策创新，社会也形成了尊重知识、尊重人才的共识。在苏州创业，他觉得顺时、顺势、顺心、顺意。也正是在这样一个环境下，一个具有国际视野、具有国际竞争力的中国科学院地理信息与文化科技产业基地在短短四年内悄然崛起。

"发展事业、报效祖国、成就自我、回报社会。"周成虎写下这十六字勉励自己和苏州基地全体成员，加倍努力，不辜负时代的期望。"要在最美好的青春年华，做自己最喜欢的事情，做出好的研究成果。"

现在中国科学院苏州地理信息与文化科技产业基地正在发展以地理时空大数据为引领的地理信息产业网络、以互联网＋为支撑的未来教育平台、以国家地理品牌为核心的地理文化产业。

"在移动数据时代，怎么使地理信息为个性化所服务，我们能不能实现每个人的个人价值，这些都是挑战。这些挑战使我们重新理解地理信息产业。"

胡德霖：忙并快乐着，累并幸福着

2010年"苏州市十佳魅力科技人物"。三十余载时刻不忘安全卫士的责任，努力打造国际一流实验室，矢志不渝地追逐"中国梦"。

胡德霖，苏州电器科学研究院股份有限公司董事长。作为改制国有科研企业中几十年如一日兢兢业业奉献在科研一线的老科技人员，胡德霖全身心地投入到心爱的检测事业。他面对变幻的形势，积极开拓国内外检验市场，同时进行较大规模的技术改造。由他主持的"打造世界最大的电器综合检测基地技术改造项目"共计投入12.5亿元，成为冲击发电机电源容量世界最大（达17500MVA）的实验室。同时作为苏州市电工技术学会理事长，他悉心为会员企业解决很多技术难题。他获得国务院授予的2001年和2003年"国家科学技术进步二等奖"、2008年国家科学"十五"攻关计划项目突出贡献奖、"2008年江苏省机械行业改革开放三十周年杰出人物"、"2012中国机电工业年度人物"等。

一

2008年5月12日，这是一个让所有中国人铭记的日子，汶川大地震爆发，房屋倒塌，基础设施毁坏殆尽，蒙难者不计其数。经过这一次地震的考验，

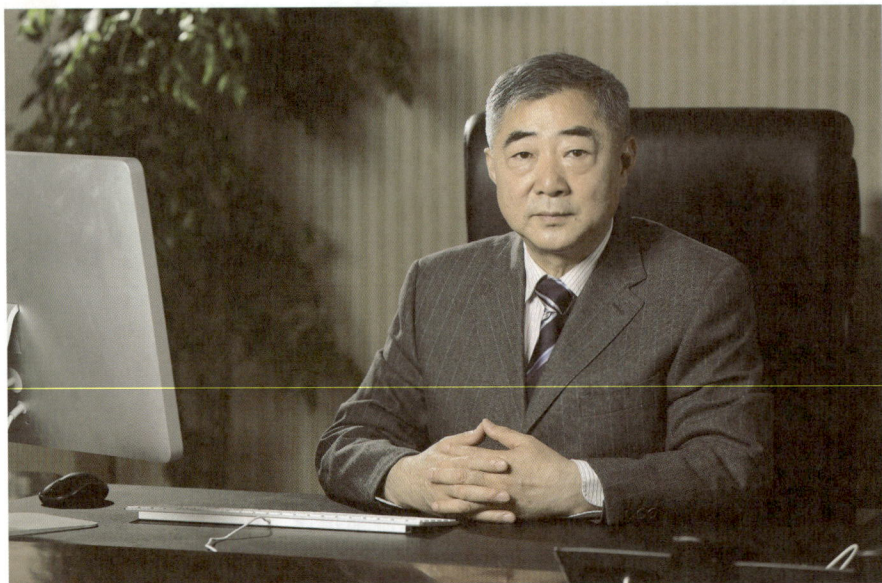

胡德霖

如何更精准地预报地震、如何进行各类大型机械的抗震测试，越来越受到重视。

时隔七年，2015 年，在苏州电器科学研究院的抗震楼里，工作人员正聚精会神，监测着另一场地震。原来这是通过台面模拟地震运动，来测试产品在地震过程中，以及在地震之后，它是否能够保证功能正常运作，结构有没有明显损坏。

这个地震模拟测试系统，最高可模拟远超九级的地震，用于测定高压及核电电器的抗震等级，正是有感于汶川地震的惨烈，电科院领头人胡德霖引进了这一系统，填补了我国高压及核电领域专业抗震试验系统的空白。

被各种资料和文献占领的办公桌，显得有些凌乱，64 岁的胡德霖，认真地翻阅着最新一期的《电工电气》杂志，除了苏州电器科学研究院股份

有限公司董事长的身份，他的另一个身份是《电工电气》杂志的主编。《电工电气》杂志是电气检测领域名气响当当的刊物，被美国国会图书馆、法国国防部、日本国会图书馆等权威机构收录，读者遍布 15 个国家和地区。可用胡德霖自己的话说，他刚刚起步的时候，文化程度很低。

小学三年级的时候，胡德霖就对无线电着了迷，憧憬着将来长大了，能成为一名专业的工程师。然而 1967 年，还是苏州市第二中学学生的胡德霖，下放到了位于苏北的江苏生产建设兵团三师十五团，在那广袤的盐碱滩涂上，洒下了十年的青春热血。在那极其艰苦的岁月里，胡德霖摔打磨炼，处处争先。他和年轻的伙伴们用年轻的双手在盐碱荒滩上建起了新房，打出了水井，种植了树苗，挖深了沟壑……辛酸的岁月让他刻骨铭心，人生的磨难让他锤炼成钢。

十年后，胡德霖返回城里，到了苏州机床电器厂工作，主要做检测工作，但实际上他对这个行业还是一知半解。感觉知识不够用的胡德霖，为了跟上脚步，开始了长达十几年的学习充电。一开始上的是夜校，一读就是八年，白天工作，晚上上课，有时候累得眼睛都睁不开了。读完夜校，胡德霖又到南京大学学习质量管理工程技术，到美国加州大学参加质量管理培训，完成英国 BSI 质量体系认证机构培训，到德国西门子公司实验室学习，考察世界闻名的 UL 实验室、加拿大 CSA 实验室……他如饥似渴地汲取着世界顶尖的专业知识。

质量检测行业专业性很强，很多检测装置没有现成的，胡德霖就结合自己丰富的实践经验，学以致用，研制各种检测装置。20 世纪 80 年代，他研制的雷电冲击实验装置填补了行业空白，很多模拟机械操作装置也是他的杰作。功夫不负有心人，胡德霖被原机械工业部破格评为高级工程师。从一名修地球的知识青年，到破格评定的高级工程师，胡德霖用"勤奋""努力"两个词，演绎了一段传奇。"一个没有声音的人在质量检测领域埋头耕耘了二三十年罢了。"他淡淡地用一句话描述了自己的成长历程。

二

始建于 1965 年的苏州电科院在 20 世纪 90 年代初迎来春风。胡德霖受命按照国际先进实验室模式，筹建机械部直属苏州高新技术开发区电器检测中心，目标是进入国际一流实验室的行列。

起点高，要求也高，重任在肩，胡德霖只能像一只不停旋转的陀螺，每天工作十几个小时，大至检测所的内部管理和不断研发的检测手段，小至实验接线、画图，他都身体力行。从检测中心成立的那一刻起，胡德霖就清醒地知道，他和全检测中心成员的责任重大，要为人的生命把好关，电器质量上任何细小的纰漏都将给老百姓的生命、财产造成致命的伤害。为此，胡德霖像和尚敲木鱼般的反复叮嘱："电器检测一定要精益求精，什么时候也不能忘记我们'安全卫士'肩上沉甸甸的责任。"

1999 年，在改制浪潮中，胡德霖被任命为电科院所长。当时，所里只能检测低压电器设备的开关和元件等，企业的经营状况十分惨淡。至今，胡德霖仍记忆犹新："员工大部分都回家了，工资打六折，厂里只有一百多套检测设备，每年收入只有 170 万左右，非常困难。"

从 2000 年开始，胡德霖带领电科院"逆势发展"，创造了一个传奇。针对产品检测范围狭窄、试验能力不足等瓶颈，大胆推进技改和试验系统开发。"一方面，我们抓住机遇，迅速改变模式，把电科院原有的制造企业、生产企业剥离出来，脱下了沉重的包袱。另一方面，我们通过改制，团结了科技人员，提高了他们的积极性，自主创新意识不断增强。"胡德霖带领着团队，只用了三年时间，便跻身国内低压领域的先进实验室。

电器行业门类众多，仅仅低压电器就有 1000 余种规格，而且国际电工委员会的 IEC 标准每隔两到三年就会有一番调整。胡德霖清楚，作为专业机构对检测设备的研发，以及检测手段的不断提高更新，是提高自身技术水平、保障检测结果权威性的关键所在。他身先士卒，不敢有丝毫的懈怠，拿出了当年在盐碱荒滩上"披星戴月"的劲头，除了自己珍惜每一次来之

不易的学习机会外，还精心选派员工参加国内外专业技能培训，鼓励他们不断提高专业技术水平。

问渠哪得清如许，为有源头活水来。胡德霖深知对企业来说，"源头活水"就是人才，人才是企业科技创新的灵魂。电科院的人才入口永远是畅通的，"要鼓励人才干事业，支持人才干成事业，帮助人才干好事业"。尽管公司已经有了庞大而优秀的"永久牌"人才，胡德霖仍不满足，他还要引进"飞鸽牌"人才。从 2012 年开始，电科院从德国、英国、美国和北京、沈阳、上海等研究所、设计院聘请专家级顾问、教授和其他高级人才，还和人才储备雄厚的高等院校建立了长期战略协作关系，以求借风扬帆。对于电科院的人才战略，胡德霖颇为自豪："我们已经拥有了'一个专家团队、一个引进的高层次人才团队、一个自己培养的人才团队'的金字塔状的人才梯队。"

三

实验室内，正在进行德国西门子公司最新产品的抽样试验检测，检测人员一丝不苟地按照规定程序进行各项测试，现场，还有工作人员拍摄照片作为原始记录档案。为了保证测试全过程的公正性、准确性和及时性，被试单位人员是不允许进入试验现场的，但可以在观察室里，通过现场的监视系统及联网的计算机系统观看整个试验过程，如果有需要，还可以通过电脑网络查询检测数据。

工欲善其事，必先利其器。为缩短与国外实验室的差距，电科院分别从美国、德国、日本引进了温升测试仪、数字采集系统、功率测量仪等测量系统，更换了全部环境试验设备。

精良的设备和高素质的人才，确保了检测中心低压电器产品的测试水平和国外先进国家实验室的水平保持一致。在胡德霖的心中，与发达国家同行媲美一直是他前进的动力："中国是低压电器生产大国，应该有世界一流的低压电器检测技术，与发达国家抗衡！"

忙并快乐着，累并幸福着。胡德霖接下来的目标，就是高压领域，这个领域的技术难度与低压领域不可同日而语，但他胸有成竹。苏州电科人深知，高压检测领域是一片"蓝海"，当时国内只有五六家老牌检测机构掌握这一技术。"只有依靠自主创新，才能杀出一条'起死回生'的'血路'！"

胡德霖带领团队大胆推进技改，到荷兰的一流实验室去学习，以"拼命三郎"的精神夜以继日地开发试验系统。2007年，随着低压大电流接通和分断能力试验系统、机床电器可靠性试验系统、冲击发电机电源系统、高压合成回路试验系统等相继研发成功，电科院很快"逆袭"成为高压检测领域的"领军者"，成为全国唯一同时具备高、低压检测能力的第三方机构。

过去中国在高低压电器技术检测领域长期落后于国外，一些高端产品生产出来后，不得不运往国外进行检测，由此产生的运输费用甚至远远高于检测费用，也直接拉高了企业的成本。如今，电科院多个实验室的技术能力都超过了欧美发达国家，其中五项核心技术位居世界第一，五项核心技术位居中国第一。很多企业都选择在电科院进行检测，不仅可以减少检测费用，更大大降低了运输费用。

有人曾经问胡德霖："你怎么对工作这么有激情？企业要做成多大规模才能满足？"他回答："只有创业没有守业，我对自己的事业永远没有满足，我要使电科院成为中国第一、世界著名的电器综合检测机构。"胡德霖是这么想的，也是这么做的。

四

一个国家的电器产品承载突发短路能力的大小，是证明其电力系统安全性的重要指标。此前国内500千伏及以上电压等级变压器的短路试验都难以进行，只能通过模拟计算完成，严重影响了我国变压器产品的创新发

展和电力用户的安全。

为了改变这一现状，胡德霖带领团队，用了两年半时间，终于在 2012 年成功克服"并机技术"难点，研发出 5 台 3500 兆伏安冲击发电机并机系统。这个系统可以瞬间实现并维持 17500 兆伏安高压短路能量，从而检验设备是否能"扛得住"冲击，这也使我国一举成为突发短路试验容量最大的国家。

这个消息一出，震惊世界。在国际电器检测领域，荷兰 KEMA 公司一直是公认的"龙头老大"，也是此前拥有世界最大容量突发短路试验实验室的企业。KEMA 公司总裁带着疑惑来到苏州，打算一探究竟。实地考察过后，他们被这里严谨的实验、精良的设备所折服，纷纷竖起大拇指，真诚地称赞说："你们才是真正的世界第一。"

"前些天，一位英国专家来参观我们的实验室，竟高兴得跳起舞来。他们家里三代人都在实验室工作，他说在这里看到了三代人没有实现的梦。"说起这个，胡德霖开心得像个孩子。

"与世界一流媲美"，是胡德霖孜孜以求的梦想，也是电科院的"企业梦"。

2016 年 3 月，一封来自 MTS 系统公司相关负责人的感谢信让胡德霖喜上眉梢，在信中，MTS 团队表达了对电科院的衷心感谢：

"MTS 团队衷心感谢能够与 EETI（注：电科院的英文简称）在本次系统开发实施中进行合作。该地震模拟系统为 6 自由度，其高频率、高载荷以及相对较大的位移范围都使之在全世界同类振动台中极具特点。根据 MTS 的了解，该系统在加速度能力方面优于亚洲任何 6 自由度振动台系统，在世界范围内，目前仅有一套振动台系统能与之媲美。MTS 团队相信：EETI 的这套地震模拟系统所具备的超高性能，能够让贵公司有能力完成其他试验系统无法完成的独特性强、挑战性大的试验项目。"

这封普通的感谢信，有什么特别呢？了解一下 MTS，就知道其分量了。原来，MTS 是全球最大的高性能和高精度力学性能测试、模拟系统和位移传感器的制造商，是这个领域的先驱和领导者。难怪胡德霖如此在乎！

五

检测机构是产品质量的"守门人"，也是让优秀产品走出去的"通关卡"发卡人。想要得到国际上的认可，全在于检测机构的能力。

在电科院一片林立的厂房中，一幢红白相间的圆形建筑颇为抢眼。不经介绍，没有人会想到这个高40米、直径30米的"庞然大物"竟是目前国内综合试验能力最强的环境实验室。这间具有国际领先水平的实验室，温度可从零下55度调节到零上80度，能模拟海拔8000米的极端环境气候条件，并进行高低温、日照、湿热、低气压、淋雨、覆冰、盐雾、雷电冲击等试验。

走进电磁兼容实验室的10米法电波暗室，满墙密布的大型锥状吸波材料让人眼前一亮。实验室中间，3米长的"大天线"在上下移动，不停地向转台上快速转动的大客车发送干扰电磁波，那震撼的场景让人印象深刻。

原来这是一台12米长的苏州金龙海格新能源客车，所做的实验，正是为了准确检测客车对电磁波的抗干扰能力。实验室可以把外界的电磁信号完全屏蔽，并在内部模拟复杂电磁环境，让试验物体只接受室内发送的电磁波，从而验证其抗干扰性能。苏州金龙是我国重要的汽车整车出口基地企业，对产品质量要求极高。新型客车特别是新能源汽车的主要动力是电，电力系统的安全性尤为重要，所以要保证每一项被检测的都符合国际标准。

为了让更多的"大国重器"顺利走出去，检测服务商必须走在企业前面，不能等产品出来再去研发测试系统。

"中国和巴基斯坦政府合作的巴基斯坦卡拉奇K2、K3核电项目2015年正式开工。跟我们苏州电科院2个多月前给该系统关键设备开出的'通行证'有着直接联系！"说起这件事，胡德霖顿时满脸自豪，这是我国首次向国外成套出口1100MW级商用压水堆核电站，它标志着第三代核电技术正式走出国门，也是"中巴经济走廊"和"一带一路"战略建设所取得的重要成果。苏州电科院开出的这张全球认可的质量检测报告，是核电项

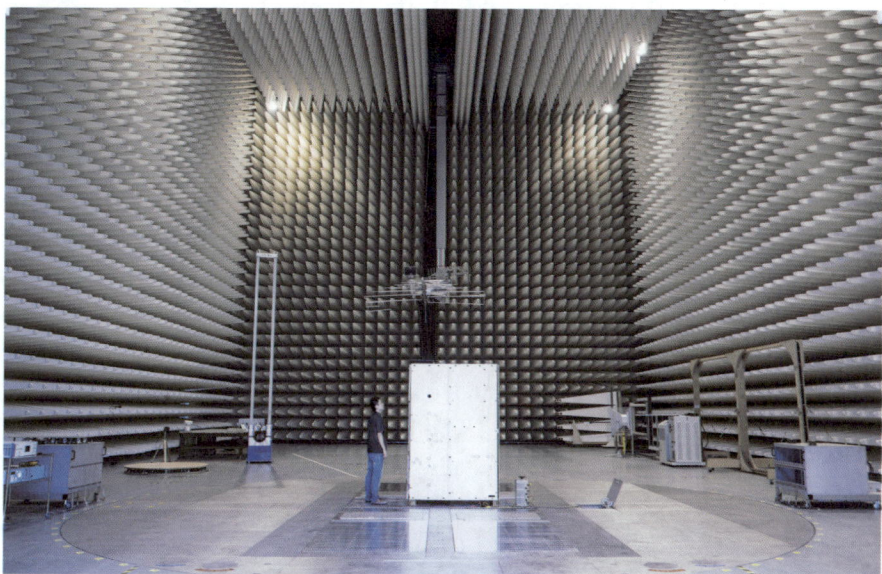

我国第一套全自动辐射抗扰度测试系统

目这个"大国重器"得以顺利走上世界舞台的关键。

3号楼是一个特高压实验室，这个实验室奠定了电科院在世界上的地位，某些技术能力甚至超越同行10年以上。胡德霖笑言，这就像一个"绿巨人"，你具有这样的体格，站在任何擂台上都是无敌的。

"我们马上就要完成5台6500兆伏安发电机并机测试。这将使我国和其他国际顶尖实验室至少拉开10—15年距离，这将有力捍卫我国在检测领域的地位。"胡德霖充满自信。

与当年一起上山下乡的知青相比，胡德霖活得并不潇洒，他没有什么娱乐消遣，只知道孜孜不倦地埋头攻读。然而，他的不潇洒换来了梦想的一个个实现。

从转制前的15亩土地，到现在的500余亩；从原来的3500多平方米实验室、100多台套实验设备，到如今的25万平方米实验室、7800多台套实验设备，电科院这家近五十年的老企业，在胡德霖的带领下，不断创造着行业神话。为了梦想，他们永远不会停止前进的步伐。

洪耀良：创造人生的"第一"

2012 年 "苏州市十佳魅力科技人物"。怀抱梦想自创苏州膜华，打破了日本企业的技术垄断，为发展具有民族自主知识产权的高新技术，实现国家提出的节能减排做出了贡献。

洪耀良，苏州膜华材料科技有限公司董事长。2008 年，在美国已经小有名气的洪耀良怀抱梦想自创苏州膜华，短短两年，膜华完成了代表当今世界最高水平膜技术即热致相技术的产业化，打破了日本企业的技术垄断，不仅填补了国内空白，而且一举达到了世界先进水平。2008 年 10 月获"苏州市创新创业领军人才"称号，2008 年 12 月获"江苏省高层次创新创业人才"称号。2010 年 2 月获首批"吴江市高科技领军人才"称号；2010 年 7 月入选中央组织部国家"千人计划"，成为吴江第一位"千人计划"的引进人才，也是目前国内膜法水处理行业唯一一位"千人计划"引进人才。2011 年 4 月获苏州市"五一"劳动奖章和吴江市劳动模范称号。2012 年获得"苏州市十佳创业之星奖"。2013 年获得"2013 年度国家科学技术进步奖二等奖"。领导膜华公司顺利完成具有国际先进水平的膜材料、膜组件的工业化生产，加速产品的推广应用。

洪耀良

一

自信、有主见、感染力强，谈到激动时会不自觉提高嗓门，这是洪耀良给人留下的第一印象。他曾说过："人的一生会遇到很多困难，但只要不服输，就一定会成功。"

出生在吴江盛泽坛丘的洪耀良从小就稳拿班级第一，"只要小时候有一个'第一'没拿到，我的人生轨迹都将被彻底颠覆。"回望过去，洪耀良颇为感慨。

高考那年，他原本填报的是浙江大学。"没有特别的想法，就是觉得离家近，还有大米吃。"这个理由不禁让人莞尔。但他所就读高中的校长坚持自己的这个得意门生必须上清华，硬是把志愿书取回改成了"清华"。一念之间，世界就已改变。

洪耀良说自己不是那个最用功的，但成绩永远是最好的。面对大家的厚望，"我当时确实有压力，因为我来自小城市，万一没录取肯定会被笑话。"洪耀良说，"不过我很自信，最终考了个清华大学化学工程系的第一。"更让他开心的是，虽然换了学校，但专业还是他心爱的高分子材料。

在强手如林的清华，洪耀良依然笑傲群雄，从 1982 年入学，到 1987

年毕业，每次期中、期末考试，他都是第一名。由于本科成绩优异，洪耀良获得了免试推荐硕士研究生的机会，在20世纪80年代，得到这样机会的人屈指可数。

让人没有想到的是，本可以继续在象牙塔里深造的洪耀良没有继续读研究生，而是保留了资格，选择到金陵石化塑料厂锻炼了两年。七百多个日日夜夜，他往来于工厂的各个车间，与一线工人为友，倒班工作。"理论必须和实践相结合。清华是工程师的摇篮，我有了工厂的一线经验，再回去读研，理论方能有的放矢。"时过境迁，往事浮现，洪耀良却用寥寥数语勾勒，轻描淡写。

别人需要三年攻读的硕士学位，洪耀良一年零九个月就拿到了。在美国明尼苏达大学，洪耀良同样比一般人少用一年时间，获得了化学博士学位。勤学之外，他还精于研究，攻读博士期间，洪耀良就在国际专业杂志及会议上发表了7篇导电高分子材料及其应用方面的高水平专业论文，并担任明尼苏达大学中国学生学者联谊会主席。1994年，洪耀良成功合成及表征了世界上第一个可溶于氯仿的导电高分子材料，第二年他用这种材料成功制成了当时处于国际科研前沿的有机发光二极管（OLED）。

这个时候的洪耀良，在业界已小有名气。没有常人找工作的烦恼，博士毕业后，他就应邀加盟世界五百强前百名的美国国际纸业，从事微米技术、材料科学应用方面的工作。

在德克萨斯工厂里，老板抱着试一试的心态，让洪耀良指导一个屡有问题的项目。"我瞪着眼，让工厂停机就必须停下"——尽管这会带来一点小小的损失和操作上的不方便。第一次，发现了问题；第二次，找到了解决办法；第三次，一切顺畅。

"我实话实说"，在洪耀良的言语中，这是个出现频率颇高的句子。了解他的人知道，这是光明磊落的胸怀，这是一针见血的深邃，这是勇往直前的气魄；不了解他的人则说，这是一种狂妄与自大，有着太多挑剔的味道。不管别人说什么，洪耀良都是一笑置之，他有着被人议论的资本，也有着足够的自信。

在世界 500 强企业，洪耀良仍然游刃有余。2001 年 3 月，洪耀良获得了公司董事会主席亲手颁发的公司技术方面的最高荣誉奖——千禧年最佳新产品发明奖，领导超过 10 亿美元的新产品开发及产业化。

2007 年，洪耀良被任命为国际纸业与金陵石化合作项目的美方主席，同时成为国际纸业与清华大学合作项目的领导人。这让他有更多机会去了解已离开十几年、一直魂牵梦萦的故土。

二

水是生命之源，是人类赖以生存的资源。可是随着社会经济的发展，水污染日益严重。怎么办？对于一个水资源短缺的国家来说，对污水进行深度处理和资源化，从而破解水环境污染对我国经济发展的严重制约刻不容缓。而这就离不开微滤膜、超滤膜技术。然而，令人遗憾的是，这一技术一直被日本旭化成株式会社和美国陶氏公司等极少数跨国公司垄断，中国实际生产中所需要的膜，多数只能以高昂的价格进口。

为了化解这个难题，国家发展改革委员会早在 2006 年就把聚偏氟乙烯微滤膜研制及应用列为优先发展的高技术产业化重点领域，希望通过开发我国自主知识产权的污水处理回用膜，将因依赖进口而价格高昂的膜技术，回归原本应有的平民化成本。只是，技术创新，谈何容易？

难得的是，这一点，洪耀良做到了。

在国外，依旧保持着诸多第一的洪耀良，享受着较高的待遇，但那股对家乡的热爱之情让他义无反顾地踏上了故土。在美国生活了十八年的他，放弃了加入美国国籍，仅持有永久居住权。

把所爱和所学结合起来，就是一种幸福。2008 年，从吴江走出去的海归博士洪耀良作为省高层次创新创业人才又回到了吴江，他带着 5000 万元风投资金和从江苏省、苏州市到吴江市各级政府获得的 650 万元扶持资金，

带着国内最先进的膜生产技术，更带着开发具有自主知识产权产品和技术、打造国际化高新技术企业的宏图，在吴江经济开发区创办了苏州膜华材料科技有限公司。

不惑的年纪，洪耀良还有着青春的躁动，在创业中，所有光环都会褪去，他懂。光鲜与阴冷，千里之遥一瞬间转换，洪耀良的脸上只有笑，波澜只在心底。以往所得的，全部放下；已然熟悉的，尽数抛弃。一切从头开始。

洪耀良的起点是座山——研发及生产膜生物反应器的核心产品——高分子膜材料、膜组件。

膜兴起于 20 世纪中叶，然而大锅饭，挂羊头卖狗肉，如是种种，使中国出现大批工程公司，却都游走于核心技术之外。"膜是表面的科学，可以改善我们生活的方方面面。"洪耀良的骄傲溢于言表，"膜华是掌握了核心技术的。"

从污水处理、自来水提标到家用净水器、工业超纯水，膜材料可适用于所有分离的领域。在全球普遍面临水质性缺水的大环境下，洪耀良觉得，膜材料的市场是成千上万亿的概念，能带领他的团队从事这样前途无量的朝阳产业，洪耀良觉得非常幸运。

在膜华科技，原先乌黑发臭的水，经过膜技术处理后，便可以直接注入游泳池中使用。这代表着目前最先进的水处理技术之一，也是今后水处理发展的方向。

"膜材料主要运用于污水处理上，可以净化城市水环境。"洪耀良说，"我们除了要还给大家清澈的水源，还要打破'环保只亏不赚'的常规理念，让每个使用膜材料治污的企业享受经济效益。"

吴江印染、纺织业发达，随之而来的污染问题让不少企业头疼，特别是近几年，国家对企业环保要求不断提高，很多企业都陷入"环保不达标，就关停"的困境。"膜材料治污给这些企业带来了生机，通过中水回用，企业降低了污水处理的成本，环保达标，可以继续生产发展。"能为家乡的经济发展服务，洪耀良倍感欣慰。

2013 年国家科技奖励大会上，苏州膜华材料科技有限公司参与完成的"丝胶回收与综合利用关键技术及产业化"项目，获得了国家科技进步二等奖。这是吴江科技企业在全国科技创新领域获得的至高荣誉。

"丝胶回收与综合利用关键技术及产业化"成功解决了工业化回收丝胶及其应用的难题，有效防止了脱胶废水对环境的污染，实现了对丝胶的充分利用，对茧丝绸行业节能减排和可持续发展具有重要意义。

"能够登上国家最高级的科技领奖台，是对企业科研技术成果最大的肯定和鼓励。"洪耀良说，由膜华科技提供的中空纤维膜技术和产品是这个获奖科研项目中的重大创新点，很好地解决了丝胶回收中回收率低，以及采用膜分离方法回收丝胶过程中膜堵塞的关键技术难题，实现了丝胶的工业化回收。通过中空纤维超滤和纳滤膜处理，丝胶回收率提高，排出的废水达到国家废水排放标准，极大减少丝绸企业污染源和废水处理成本，有助于促进循环经济发展。

三

2009 年，洪耀良辞去海外工作，彻底把家搬回了吴江。女儿就在洪耀良的母校——盛泽第三中心小学就读，妻子也与丈夫一起在吴江开创更广阔的事业。洪耀良说，朋友们都说他真是最彻底的"海归"了。

因为洪耀良要把膜华带入新的发展阶段。

然而，创业的道路不可能总是一帆风顺，一向比较顺利的洪耀良也不例外。

"但我觉得自己还是一个很幸运的人，每到需要帮助的时候总有人会扶我一把。"他说，刚来到阔别近 20 年的家乡，一切从头开始，这时候，吴江的领导给了他很大的帮助，不仅协调解决厂房，还多次主动走访企业，嘘寒问暖。

2010 年，对膜华来说注定是不平凡的一年，随着代表当今世界最高水

平的膜技术——热致相中空纤维膜的研发成功并产业化，他们一举打破了日本企业的垄断。

在这个过程中，从单头喷丝板到多头喷丝板的跨越是关键的一环，而在多头喷丝板的研制上，洪耀良遇到了不小的困难。由于种种技术上的原因，一块接一块地研制，又一块接一块地报废，而一块板加上配件的成本少则两三百元，多则上千元。

眼看着时间一天天过去，苏州膜华总经理奚绍锋焦急万分，问洪耀良怎么办。洪耀良说，现在正是冲锋陷阵的关键时期，代价再大也必须成功。就这样迎难而上，攻关整整 6 个月，多头喷丝板的研制终于宣告成功，仅此一项，洪耀良就投入了好几百万元，现在膜华的仓库里还有价值 300 万元的废料。

"对一个自主创新的企业来说，这是工业化进程中必须付出的代价。现在，我们公司已远超国内其他同行了。"洪耀良胸有成竹地说，"就算与世界第一的日本比，我们的产品在使用寿命上也略胜一筹。"

洪耀良带领着膜华创造了两个"世界第一"：产品品种最全，达到了 7 个；性价比最高，同等品种、质量的膜产品价格只是世界知名品牌的一半，由此也改变了以前因依赖进口而价格高昂的膜技术，使之回归到了原本应有的平民化成本线。

"我每天早上醒来都在想，今天我可以做些什么有意义的事情来推进这个企业的发展。"对洪耀良来说，膜华已经融入了他的生命，一切犹如吃饭睡觉般自然，而又不可或缺：保持科研的高投入和高热度。洪耀良说，膜华最值钱的是人才，130 名员工能做 10 亿元产值，去年企业花掉的 1200 万元中有 600 万元用于研发。

洪耀良经常对同事们说，膜华做的是为整个中国减排的大事，那么就从建设乐居吴江、为吴江百姓造福开始。洪耀良相信，膜华已经拥有这个能力。几年前，洪耀良就说，他有一个明确的发展计划，那就是要逐步把吴江的河道全面治理一遍，现在，这个计划基本已经实现了。

"上善若水，水善利万物而不争；激浊扬清，膜华还水本来面目。"

洪耀良的理想和目标远不止是一个企业，他要打造的是一个以膜为核心的高科技园区，从而带动整个环保产业链的发展，为水处理、膜应用技术等提供一揽子解决方案，"若干年后，我要让所有人知道，中国生产膜的基地就在吴江。"洪耀良雄心勃勃。他用最短的时间实现了从一名科学家到企业家的转变。

洪耀良喜欢历史，纪录片《长征》是他的最爱。"强渡大渡河、飞夺泸定桥是红军长征史上最惊心动魄的一页，红军战士为革命永不放弃的精神让人敬佩。我常以此勉励自己，为了理想而奋斗，应该永不放弃！"

费建江：成长的力量

2012年"苏州市十佳魅力科技人物"。以敏锐的触觉捕捉产业发展脉搏，以"天使"的角色助力初创科技企业迅速成长，被业界誉为"最具发现力的投资家"。

费建江，苏州元禾控股有限公司创始人之一，元禾原点总经理，曾任元禾控股财务总监、主管投资副总裁、常务副总裁，中新苏州工业园区创业投资有限公司总经理，华亿基金联合主席等职务。从事创业投资十多年来，费建江持续关注半导体、通讯、互联网、新材料、生物医疗服务等产业，主导过神州信息（000555）、晶方科技（603005）、全值药房、盛科网络、科升无线等项目的投资，孵化中小企业，在培育种子期和初创期企业投资方面积累了丰富的经验和良好的声誉，累计投资项目数百个，投资总金额达数十亿元人民币，其中四分之三在早期阶段，并有多家优质企业在境内外上市。

一

费建江管理的"元禾原点"早期投资管理团队，坐落于苏州工业园区东沙湖股权投资中心。该投资中心于2009年正式运营，由元禾控股股份有

费建江

限公司斥资打造，旨在搭建一个集基金服务、投融资服务和企业发展服务于一体的股权投资产业集聚平台，以促进资本、技术、人才的有效对接。

投资中心所处的沙湖生态公园，是园区最大的公园，也是一处难得的天然氧吧。费建江位于四楼的办公室前，是一片翁翁郁郁的荷塘。荷塘南面一排高大挺直的水杉树，将办公区与广阔的沙湖隔离开，隔开了景区的喧嚣，也隔开了更为壮阔的美。但眼下的美景已足够费建江消受。工作间隙，他喜欢站在视野极佳的落地窗前，凭窗远眺。偶尔，会有一两只不安分的鸥鸟越过树丛，从湖心的芦苇岛飞来，还未及留下一鳞片爪的痕迹，便又翻飞而去。

古人云："天地本宽，而鄙者自隘。"眼见这般光景，费建江不免自况。人生是一个不断积累和做选择的过程。再严苛的环境，人总有适应它的能力。一旦安全感滋生弥漫，最终变得完全依赖于它。在熟悉和舒适的环境中安于现状，可说是人类的本能，能主动挣脱并大胆做出改变的终究凤毛麟角。

费建江常常想，若非十多年前的那些选择，现在的自己会是什么样呢？或许仍过得很滋润吧，事业安稳，家庭和睦，生活四平八稳，波澜不惊。这种在大多数人眼中的好生活，却不是费建江所向往的，过去不是，现在依旧不是。

然而人生并没有如果，许多选择牵一发而动全身，影响的是整个人生的走向。到最后，唯一重要的是，将知天命的他，曾有那么一刻后悔过吗？

没有。

二

费建江是陕西人，有着北方人特有的直爽和热情，勤奋而务实。

小时候，父亲问他长大的理想是什么。成长在 20 世纪七八十年代的孩子，理想不外是当科学家、解放军、老师、医生，而费建江的回答却与众不同："能干什么就干什么。"

父亲哭笑不得，直摇头说这孩子没追求。费建江却觉得，不管做什么，只要尽力做到最好就行。至于将来会是什么样，那得看人生的境遇，是可遇不可求的。

他是这么想的，也是这么做的。高考那年，由于学的是文科，需要大量背诵，为了加强记忆，费建江按人脑的记忆周期排列了一个科学而详细的背诵计划表。这个表格甚至细化到哪天背诵哪门学科的哪些章节，密密麻麻地填满一大张纸。难能可贵的是，一直到高考前夕，他都很严格地执行了这个计划。

高考很顺利，费建江千里迢迢奔赴湖南读大学。由于成绩好，办事能力不俗，他既成功当选学生干部，又顺利发展为学生党员。在这个意气风发的人生阶段，性格随和、人缘极佳的他也收获了一份恰逢其时的爱情——与同班的苏州姑娘坠入爱河。

1993 年大学毕业之际，费建江面临人生的第一次重大选择。90 年代初的大学生，仍是社会的天之骄子。彼时，中国正处在大学生由定向分配向市场自由选择的过渡时期。但出于观念的惯性，大多数同学还是保守地接受了定向分配。

如果接受分配，便意味着与爱人的分离。面包和爱情，费建江当然想兼而有之。幸运的是，苏州是当时为数不多的出台相对开放的人才引进政策的城市之一。大学毕业生只要持有毕业证和派遣证——不管原本被分配到哪里——便可在苏州落户。这个政策实在太诱人，苏州是女友的家乡，加之自己的父母正工作生活在临近的嘉兴，因缘际会，促使费建江与苏州结缘。

由于学的是财务专业，费建江抵苏后，顺利进入中国建设银行工作，随即被安排至太仓支行。地方支行人才相对匮乏，费建江作为专业对口的大学生，颇受领导青睐，工作三年便晋升为部门经理。

成功需要个人努力，也同样离不开稍纵即逝的机遇。费建江是幸运的，在事业上升期，与建行新推出的"三千人计划"撞了个幸福的满怀。该计划由时任建行行长、现任中共中央政治局常委王岐山提出，旨在破格提拔一批青年才俊作为储备干部，以应对建行内部员工结构老化的现状。

1998年，乘上"三千人计划"东风的费建江，被提拔为苏州工业园区支行副行长。两年间，他一边兢兢业业拓展业务，一边见证着园区初期的发展，对它的前景充满期待。但天不遂人愿，不久，费建江得知自己行将调任太仓支行并可能在以后接任行长。

从个人角度来讲，费建江并不愿离开苏州园区，他太想置身于这颗冉冉升起的新星之上，有一番作为了。但身处其位，也只能服从上级的安排。正在犹豫之际，一位同事的女友从广东来苏找工作。费建江人脉广，与上海浦发银行苏州分行的人事主管是朋友，知道他们正在招人，便牵线搭桥，带同事的女友前去面试。

原本只是想当个红娘的费建江，却意外地给自己也穿上了嫁衣。这天，浦发银行行长正好也在，在等待同事女友面试的间隙，朋友怕他无聊，就

想引荐他与行长见个面。费建江欣然应允。两人畅谈了一个多小时，很是投机。末了，行长显然意犹未尽，半开玩笑地向费建江抛出橄榄枝，希望他能担任正空缺着的浦发银行园区支行行长一职。事出突然，费建江反倒有些手足无措。不过经过反复思量，他最终决定跳槽。

2000 年，三十岁的费建江成为全国性股份制商业银行的地方支行行长。无论从哪方面看，都算得上是年轻有为、事业有成了。然而，刚过而立之年的他，却选择急流勇退。

三

在浦发银行任职的一年间，费建江遭遇了前所未有的人生困惑。

很多时候，人只有在特定的处境中，才能正确认识自己，从而确知自己想要什么。费建江在三十出头的年岁上，事业稳定，有一定的社会地位；又与相恋多年的女友结婚生女，家庭幸福美满，是亲朋好友眼中不折不扣的成功人士。可他忽然发现，就自己的现状而言，如果继续待在银行系统，其实已能看到职业生涯的天花板了。

也即是说，三十岁的费建江，基本能预见自己六十多岁退休时的光景了。不仅如此，基层银行缺乏灵活自主的创新机制，更多的只是充当总行决策执行者的角色，且常常被各项任务指标弄得疲于奔命。日复一日，周而复始。今后三十年的职业生涯都要这么平淡无奇地度过吗？年富力强的费建江，第一次对未来产生了一丝恐惧。

事有凑巧。此时，中新苏州工业园区开发集团股份有限公司（简称中新集团，CSSD）设立投资部，预备筹建一家创业投资公司。中新集团是中国与新加坡两国政府合作的载体，主营苏州工业园区的开发建设。它作为国内较早涉足创投领域的企业，酝酿之初就肩负着发展地方经济的重要使命，眼下正亟须人才。

创业投资，也叫风险投资。2001 年前后，国内极少有人知道风险投资。

中国在风险投资这一领域还有大片待开发的处女地。费建江虽然听说过"风险投资"一词，但对这个新鲜事物也很陌生。当他得知中新创投的动向后，特地咨询了业内的一些前辈。有一个老大哥的话让他印象深刻："风险投资有可能会做得很好，也可能会很糟糕。反正不会是一件平庸的事。"

费建江心领神会，说白了就是在不确定性中寻找机会。尤其是早期投资，不确定因素太多了，成功与失败是并存的。费建江兴奋不已。这一刻，他终于意识到自己骨子里的感性基因和冒险精神——人生的乐趣，不正在于未来的不确定性吗？

于是，他毅然辞职，加入中新创投，全身心投入创投领域。这一步迈得是大了点，不可避免地遭到家人反对——银行工作多好呀，收入可观，又稳定，社会地位还高，何必呢？

是啊，何必呢？以前有独立宽敞的办公室，上下班有专车接送，如今挤在狭小的格子间里不说，工资还锐减了一半，加上女儿已出生……尽管对未来充满希望，但那一阵儿，肩上的压力和心理的落差还是会时不时地刺激到他。不过更多时候，改骑自行车上下班的费建江，在加入苏州街头工薪阶层上下班的滚滚车流中时，反倒重新生出一股壮志凌云的豪情。

公司初建，各项工作都需要理出头绪。首当其冲的，便是投资队伍的搭建和培养。那时候，国内的投资人才极为匮乏，因此他们团队的成员多是半路出家，审计、语言、法律、通讯、银行等，各路人才齐聚一堂。为了培养团队，中新创投与当时台湾最大的创投机构"怡和创投"展开合作，先从小学徒做起，将业务经理派遣到怡和在上海的办公场所，跟班工作一年。

最初几年，他们以相对稳妥务实的晚期投资为主，一方面积累资金和资源，同时锻炼团队。2005年，公司顺利度过原始积累阶段。作为业务骨干的费建江摩拳擦掌——终于可以涉足神往已久的早期投资了！

在创投界，有一条颠扑不破的真理：要想扬名立万，一定要靠早期投资，这才是体现投资能力的试炼场。入行多年的费建江深知它的难，唯其难，才更加让他乐在其中。

费建江与合伙人

四

费建江的第一个早期投资，是一个做以太网交换机的项目。

这是由两名在园区创业的海归带回的先进技术，费建江看中了它在未来通讯领域的前景，便和两位创业者作了深入交流。他们都是从美国思科公司走出的高级人才。思科是这一技术领域的领头羊，而他们以三十多岁的壮年毅然回国创业，甚至给公司取名为"盛科"，更是表现出要超越行业老大的雄心和情怀。

当时盛科面临的最大问题不仅是资金，还有人才的招聘。2005 年的苏州，依然是以外向型经济为主的世界工厂，技术型企业和人才极其匮乏。费建江很清楚，创业企业招聘难的核心原因在于人才流动成本高，这种跳槽成本是每个求职者首先考虑的。如果园区已有很多科技企业，这家倒了，可以就近找家类似的公司就业，否则还得跑回上海、北京等大城市。

人才是依附于企业和科研机构的。面对园区当时的状况，费建江劝他们保持耐心，先招聘应届毕业生，自己培养。与此同时，中新创投也开始在园区市场进行投资布局。费建江做了一道简单的计算题：若逐个投资科技企业，每家按50人的规模算，每年至少投10家，如果坚持十年，那人才和企业规模就相当可观了。通过这种最原始有效的方式，逐渐形成企业的集群效应，而企业的集群又能吸附更多人才，才能最终汇聚成苏州的科技人才池。

作为投资人，需要为投资对象的成长提供必要的资源，甚至出面帮他们解决难题。由于是个人的第一个早期投资，费建江倾注了许多精力和情感。因为差不多同龄，他与两位创业者一见如故，成为很好的朋友。尤其是中间有两年，公司特别困难，费建江还兼任盛科董事长，为的就是利用这个便利的身份为他们协调一些事情。大到公司的融资、发展战略、产业资源的获取，小到创业者生活上的琐事，费建江都会尽力提供帮助。有一年，公司一位创始人在国外出差，有一天他的孩子没有出现在放学的校车上，接送的家人急坏了，费建江听说后，赶紧发动各种关系去找，所幸最后虚惊一场。点点滴滴，林林总总，不一而足。

十多年来，费建江见证了这家公司由最初的两个人，逐渐发展为拥有100多名员工的业内佼佼者。不久前，公司还获得了国家集成电路产业基金和中国电子信息集团3.1亿元的投资，成为"国家队"的一员。

他与盛科的点点滴滴，都凝聚在每年的年会上。投资了这么多企业，只有这家公司的年会是费建江每年必到的。觥筹交错间，费建江收获着满满的感动和成就感，更加笃信共同成长的力量。

五

中新创投是国有背景，费建江身在其位，自然有一份振兴园区高科技产业的责任感。每天，他绝大部分时间都奔波在外，看项目，了解相关行

业的动向，协助解决企业与投资人、政府等各方之间的问题……正是凭借这样一步一个脚印的务实作风，十年间，他带领团队先后投资了将近200家早期科技企业。这些处于萌芽状态的公司逐渐发展壮大，成功吸引周边几百家相关企业，助推园区高科技产业走入良性循环。

中新创投对各类科技企业的扶持，是苏州工业园区发展科技产业的重要一环。园区政府做了系统规划，设立专门的科技招商中心，出台一系列配套政策，并投入大量财力，引进全国各大知名院校的研究生院，成立独墅湖高等教育区……十多年来，从园区入选国家"千人计划"的数量，到省和国家相关领导人前来考察各大科技企业，这些成就的背后，都有费建江等一批独具慧眼的投资人活跃的身影。费建江亲眼见证了园区科技产业的发展，作为这股发展潮流的一名参与者，那股油然而生的成就感让他每每庆幸于自己当初的选择。

这期间，为适应市场发展，中新创投自身也经历过两次重组。第一次是2007年，重组为苏州创投集团；第二次则是2012年，为实现股权多样化，重组为元禾控股股份有限公司。现今的园区即为历史上苏州府下辖的元和县，取"元和"的谐音"元禾"，一来表明公司不会忘本，根植于苏州，服务于苏州；二来，"元"意为一元初始，"禾"即禾苗、幼苗。"元禾"寓意公司最基本的使命，是帮助一个个企业从最初的幼苗成长为参天大树。

"元禾原点"是元禾旗下专事早期投资的平台，由费建江负责管理。费建江的投资理念是先研究行业，再聚焦公司。他对创业团队有一个最朴实的衡量标准：踏实。希望自己投资的公司都是一些用心做事的人。只有稳定可靠的创业团队才值得帮助，才能与投资人共同成长。

由于在银行工作多年，费建江一直自认为是个做事有计划性的人，直到他邀请性格色彩分析创始人乐嘉为自己团队培训时，才获知自己其实是外向型的红色性格，而不是他自认为的做事按部就班的蓝色性格。也正是这样热情似火的性格，才让他自始至终都钟情于风险较大的早期投资。在他看来，在风险中寻找机会，人生才充满乐趣。而做早期投资，不仅需要

公司集体照

冒险精神，更需要情怀。因为其回报周期长，急功近利是做不好的。

　　费建江想做一个雪中送炭，而不是锦上添花的人。

　　放眼未来，费建江将投资方向浓缩为"智能、精彩、健康"三个关键词。"智能"包含整个智能领域，人工智能在各个行业的开发和应用，比如智能物流、智能机器、智能无人机等；"精彩"主要是着眼于消费升级和人们精神层面的需求所带来的新商机；"健康"则围绕人们越来越关心的健康、养生需求，包括生物医药、医疗器械和服务等领域。

　　成人之美，互相成就，正是费建江作为风险投资人的价值所在。投资之于他，是终身的追求，就像呼吸一样，须臾不能离。随着科技产业发展的深化和细化，费建江将继续遍寻科技产业的希望之种，做一个辛勤浇灌、呵护成长的园丁。在禾苗拔节抽穗的旺盛生命力中，感受成长的力量。

徐又佳：杏林春暖　枯骨生肉

2013 年"苏州市十佳魅力科技人物"。徐又佳在国内最早开展"铁代谢与骨代谢"相关性研究，最早发表铁蓄积与骨质疏松骨折相关研究观点，最早提出降低铁蓄积可以防治骨质疏松的新思路。

徐又佳，医学博士，苏州大学附属第二医院骨科教授、主任医师、博士生导师。1999 年获国防科工委科技进步三等奖，2011 年获评江苏省医学领军人才，2015 年获政府特殊津贴。徐又佳作为一名骨科医生，是一位给患者实施手术赋予健康的"工匠"，是一副帮患者迈出术后第一步的"拐杖"；徐又佳良好的医德、精湛的医术还吸引过多位外国患者专程来院手术。徐又佳作为一名骨科学者，在医院建立了骨质疏松防治协助组，创立了苏州骨质疏松和骨矿盐疾病专业委员会，构建了苏州骨质疏松症防治学术平台，填补了这一领域的苏州空白。

一

1962 年 3 月，徐又佳出生在苏州一个医学世家。

太外公（奶奶的父亲）、祖父和母亲都是医生，在这样的家族中成长，自然从小便耳濡目染疾病、医疗、防治卫生知识。只是在这种潜移默化的

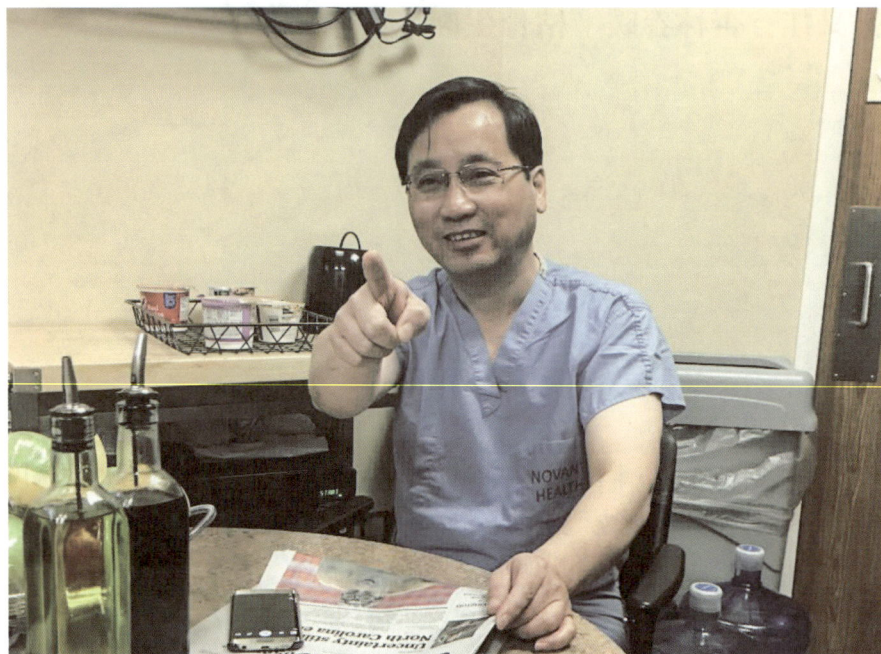

徐又佳

家庭教育还未显出效果之前，徐又佳外向好动的性格却首先有脱缰的迹象——小学毕业就自己参加面试，进入当时青少年非常崇拜的"青少年业余体校"，成为一名"半职业"篮球学员。

体校生活非常单调，上午在普通中学上文化课，下午则转战体校球场训练。日复一日年复一年，两点一线的生活持续了四年。这四年正是青春少年个性成熟、理念固化的年龄段，所以，体校这四年除了技能、体能大大提升，最重要的是使徐又佳形成了能竞争、不服输的性格。

1980年初，高考开始报名，选什么专业呢？那个岁月成长的孩子，对个人未来还普遍缺乏应有的关切，懵懂无知的徐又佳也不例外。一直忙着在球场上挥汗如雨的他，对于将来的人生之路充满迷茫。老师和同学都觉得他应该继续发挥特长，报考体育学院，但由于父母都是医科大学毕业，

而且那个时候，社会上还广泛流传着"学好数理化，走遍天下都不怕"的谚语，所以，生性要强的徐又佳自然不甘于做一名"体育生"，毫不犹豫选择了属于理工科的医学，最终凭借还不错的文化课底子顺利考入苏州医学院（今苏州大学医学院前身）。

由于自小喜欢动手、喜欢运动，进入医院后，徐又佳选择了外科。在医院的最初两年，徐又佳非常感恩的是骨科主任郑祖根教授的提携和帮助。

1991年，徐又佳攻读郑祖根教授的硕士；1996年又继续攻读博士学位；至1999年博士毕业，已成长为一名成熟医生的徐又佳，在国内外重要学术刊物发表了大量论文，并于1994年获部省级科技进步奖多项。此后，徐又佳论文、项目、获奖等学术指标均在骨科名列前茅，同时，在交叉韧带重建术、关节置换术、脊柱脊髓损伤临床基础研究等领域，逐步建立起个人声誉。

2005年，徐又佳飞赴香港理工大学，开始了为期一年多的研究助理之旅。在那里，指导老师是当年基础研究比较出色的钱忠明教授。钱教授在铁代谢与临床疾病相关研究中成绩斐然，他提出：2001年铁调素发现后，关于铁代谢异常与机体疾病的研究非常前沿、非常有益；但是，铁代谢与骨科的骨质疏松虽有观点报道，却缺乏系统研究。人生的机遇总是说不清道不明的故事，可有一点非常肯定——机遇总是被有准备的人抓住。思维敏捷的徐又佳无疑属于这一类人。徐又佳在钱教授指导下，开始了有计划有目的的早期实验。通常搞基础研究的科研人员只能以动物为研究对象，徐又佳则充分利用自己身为骨科大夫的优势，在为老年病人内固定时，运用在骨骼上钻孔获取的少量骨粒开始研究，结果初步显示：骨量下降与骨的铁代谢有关联。应该说，在当时该研究领域，铁代谢与血液科疾病、神经科老年痴呆相关性研究比较丰富，但与骨科的骨质疏松研究还是十分少见，也充满前瞻价值。

尽管初步的研究结果是一种简单的表象呈现，但徐又佳已洞察到研究的未来意义和原创前途，学成返苏后并没有搁置这一方向研究；他深刻感觉到：随着中国老年社会到来，骨质疏松、骨量下降、脆性骨折等问题，会越来越困扰骨科医生，于是徐又佳默默下定了决心：临床科研人员只要认准了方向，哪怕是一点点可能的突破，都要持之以恒去尝试、去追求；就这样，徐又佳将这个研究方向坚持到了现在，而且没有停止。

二

回想当初，铁代谢与骨代谢研究是一次前景未知的征程。当时国内外该领域的研究信息寥寥无几，铁代谢与骨代谢是否相关也没有权威观点，遑论后续的临床药物研发了。

此时的徐又佳已是研究生导师，他带着学生开始重新设计实验，从成骨细胞到破骨细胞，从普通大鼠到转基因小鼠，从斑马鱼到食蟹猴，他们不厌其烦地进行着反复实验。虽然过程乏味枯燥，却获得了大量一手的基础数据。最后，他们又将实验对象转向人体，从健康人群到骨折人群，前后抽取了 400 多例女性的血液样本，并科学地设计各类比较方法，最终成功验证了铁蓄积是绝经后骨质疏松骨折的独立危险因素。近些年，徐又佳研究小组发表的"铁代谢异常与骨质疏松症相关"的研究论文也被同行认为是具有国际先进、国内领先地位的原创研究，但是，当时就连他们自己也难以判断这一研究方向的前景和临床价值。

为什么徐又佳研究小组将研究对象锁定为更年期女性呢？这是因为正常女性每年会因月经而排掉 36 毫克铁，一旦绝经，这 36 毫克铁就难以排掉，数年后就会导致体内铁含量蓄积。铁是强氧化剂，铁蓄积很容易引起身体一系列反应，导致骨量丢失。此外，之所以选择聚焦更年期女性，还涉及骨质疏松的问题：众所周知，原发性骨质疏松症分两型，I 型骨质疏松症专指女性，II 型则为老年性骨质疏松；而我国已步入老龄化社会，老年人会越来越多，他们的骨骼健康是牵动社会神经的大问题。

在徐又佳看来，多因素研究难度太大，因为干扰因素多；摊子铺大的研究，即便方向是正确的，最终成果的肯定会漫长会不确定。因此，他们

决定专门针对更年期女性骨骼与铁代谢的单因素研究。随着研究的持续深入，他们又进一步证实铁蓄积是绝经后骨质疏松症的一个独立危险因素，也就是说，降低铁过载可能是防治绝经后骨质疏松症的一个有效方法。

由于是这一领域的拓荒者，且逐步取得了一定的突破，徐又佳觉得应该一步一个脚印，扎实推进研究进程，不能太急功近利。然而令他无比懊恼的是，种种原因使他的团队错失了发表该项研究成果的先机。原来，就在徐又佳和学生着手整理科研成果准备用于发表之际，韩国学者率先发表了人体内铁代谢与骨代谢相关性的文章。这无疑给了这个踌躇满志的年轻团队当头一棒。见大家都很灰心丧气，作为团队主心骨的徐又佳反过来安慰大家："这至少证明了我们的研究方向是对的。我们由于缺乏紧迫感，错失了首次发表的机会，但还可以在降铁药物的研发上打个翻身仗！"

三

降铁药的应用研究难度很大，但也绝非毫无头绪。

2000 年和 2001 年，Krause 与 Park 分别从人的血清和尿液中纯化和分离出一种新型的抗菌多肽，Park 命名为"铁调素"。此后，这种降铁激素一直被科研人员应用到血液科、神经科等领域的研究。徐又佳由此想到，何不借助铁调素来研发一种降铁药物，以治疗绝经女性的骨质疏松症？

不过，就像当初的胰岛素一样，铁调素的合成技术还不成熟，并没有量产的条件，所以价格非常昂贵。正因如此，铁调素尚未转到人体实验，只能先在动物身上做实验，因而距离临床研究还有很长的路要走。即便如此，徐又佳仍觉得此路可行，他们开展了许多铁调素防治骨质疏松症的实验研究，事实证明，徐又佳的想法是有依据的；然而，命运却又对他玩了一次黑色幽默。2010 年，美国研究人员率先发表了利用铁调素治疗女性骨质疏松的方法，并在美国申请了专利——这意味着，徐又佳又一次前功尽弃了。

再一次被人捷足先登，徐又佳猛然间意识到，越来越多的优秀科学家介入这一领域，表明了这一研究的前景正被逐渐看好。从长远来看，对攻克骨质疏松这一医学难题绝对大有裨益。然而对于从最开始就投身这一领域的徐又佳来说，现在已被陡然增加的竞争压力裹挟着，不知不觉间已是身处逆水行舟不进则退的境地了。

在危机意识的鞭策下，他顾不上自怨自艾，而是倾注更大的热情和专注力，试图突出重围，另辟蹊径。所谓条条大道通罗马，2013年，徐又佳采用现有的一款降铁药物（去铁胺）开展防治绝经后骨质疏松症研究，结果符合研究预期，吃一堑长一智的徐又佳，立即申请了发明专利"甲磺酸去铁胺在制备治疗绝经后骨质疏松疾病药物中的用途"，并于2015年获得国家授权。

虽然初步取得了良好的临床实验成果，徐又佳并没有安于现状，而是继续探索各种可能性，近几年又相继研发出去铁酮、去铁思诺等一批已进入临床实验的降铁药物新适应证。这些药物的前景广受关注，目前已有不少药厂主动联系上他，商讨专利买断事宜，准备联合研发。

徐又佳说："人体很复杂，每个个体的情况都不一样，往往需要个体治疗，精准治疗。好的医生之所以好，就在于他手段多，能因人施治，对症下药。手段从哪里来？还得由科研人员创造。"

这些年来，徐又佳和他的团队共发表关于骨质疏松症防治研究的论文110多篇，在"铁代谢与骨代谢"领域的研究一直处于国内领先地位。香港、韩国、美国、西班牙、德国等国家和地区举办的国际骨质疏松大会上，都有他学生活跃的身影。随着在骨质疏松领域成果的积累，徐又佳的学术影响也越来越大，曾参与数个国家多中心骨质疏松临床研究项目。2012年，徐又佳团队获苏州科技局批准成立"苏州铁介导骨质疏松症防治关键技术实验室"；2015年，又获苏州大学批准成立校级"骨质疏松症诊疗技术研究所"。

从最初涉足铁代谢与骨质疏松的基础研究，到证实其相关性，再到成功研制出效果理想的降铁药物，这条路走得一波三折。虽然降低人体内的

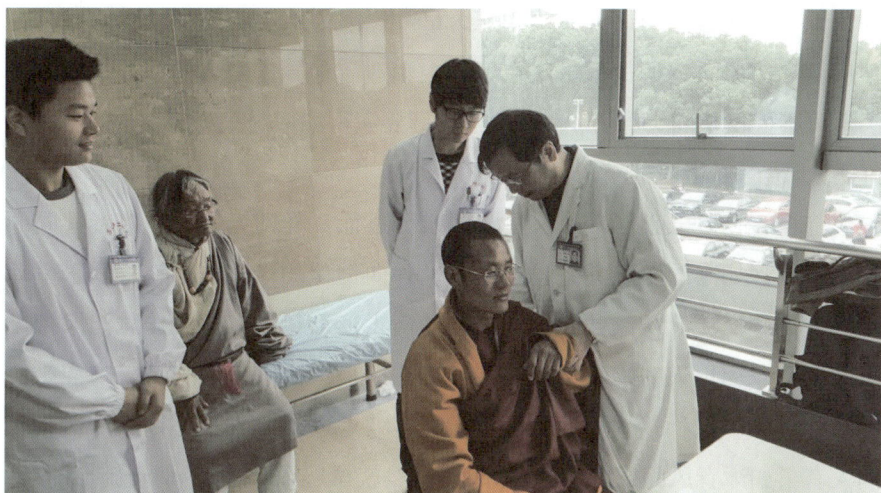

徐又佳临床指导学生接触病人

铁蓄积并不是治疗骨骼问题的主要思路，却提供了一个全新的、行之有效的治疗方式，使骨骼治疗的方法更为多样化、精细化。

四

医生，骨科专家，硕士生、博士生导师，医院科教处处长，如今的徐又佳身兼着这几重身份。要问最珍视哪一个，他总说自己首先是一名医生，其他的身份只是他在从医之路上潜心钻研的自然结果。而他自己也心怀感恩，感恩在自己成长之路上给予重大影响的家庭和恩师，感恩身边的这个优秀团队，也感恩命运的眷顾，从不会把这些成就看成是理所当然的。

精力充沛的徐又佳，每天早上若无要事，总爱待在骨科，会诊、查房、开刀，几十年如一日，雷打不动；下午则多在科教处，或处理各种行政事务，或带学生搞科研；歇下来时，则又看书充电，以便及时了解学科的前沿动态，一刻不闲。

由于家学渊源的缘故，徐又佳在行医治病方面一直有着领先于同龄人的悟性，用他自己的话说，是"开窍早"。因为从小听惯了长辈们探讨各种病例和医患之间的故事，这在无形中塑造着他异于常人的职业认知——医生可不仅仅是闷头磨炼精湛的技术，更要懂得如何与病患打交道，"管理"好病人。

杏林春暖，仁心仁术。这是众多亲历过徐又佳回春妙手的患者共同的心声。尽管如今的医患关系异常紧张，外向健谈的徐又佳却一直乐于主动与病人促膝交流。从医数十年，接触的病人形形色色，徐又佳总能保持极大的耐心，用拟人拟物等通俗易懂的方法给病人讲解病因病情、晦涩难解的治疗过程。这种接地气的做法，最能有效地安抚病人焦虑忧愁的情绪。病人有了如沐春风的感觉，双方的距离自然就拉近了。这样的例子俯拾即是，试拈一例：曾经有一位患者术后健康地度过了 100 岁生日，老太太特地让家人带着锦旗、蛋糕送给徐又佳，不是感谢手术成功，而是感谢他每次查房时都学着老太太的方言好让她听懂，更感谢他每次门诊时都亲自托着老太太蹲上蹲下作训练。如此种种，不知凡几。

医生是天使，可以再现悬壶济世。徐又佳的一言一行就是这样传递给患者无与伦比的信心和慰藉，这也是他多年来孜孜追求、点点累积的医者境界和造诣。医生导师是师者，可以传承仁心仁术。徐又佳常常强调："医学是经验科学，光有灵感和智慧是难以成为一名优秀医生的。"在临床指导中，他总是以身作则，循循引导，要求学生亲身接触患者，学会消除患者因病恐惧的医学方式，他还指派学生护送出院患者直到家中，以培育学生解除患者各类困难的大爱作风。

尽管已是国内较有成绩的骨科专家，徐又佳心底仍有一个未实现的梦想：确定人体骨铁含量的标准。人的血清铁可以通过抽血来进行检测和确定，但是最终落实到骨头上的铁含量又应该是多少呢？这个标准仍亟待制定。有了它，未来的医学诊断就有据可循了：假如人的正常骨铁含量是 1（或某个固定的区间），高于或低于这个量（或区间），那就是骨铁含量异常了，然后再对症施治。这项研究对骨科医学的发展是意义深远的，但实际操作

的难度很大，因为它既涉及单中心，即徐又佳自己接触的病例样本，还要涉及多中心，即更大范围的样本。

骨质疏松症的防治之路漫漫，人类生活健康品质之提高也越来越需要像徐又佳这样的医学攻坚者。

徐卫东：葡萄架下的私语

2010 年 "苏州市十佳魅力科技人物"。视葡萄为生命，勇于创新，培育出一批具有我国自主产权的新的优良品种。

徐卫东，张家港市神园葡萄科技有限公司创始人兼总经理。与葡萄结缘 36 年，近半生的时间都倾注于葡萄园中，被人们亲切地称呼为"葡萄王子"。神园葡萄科技有限公司现为江苏省葡萄协会会长单位、中国南方葡萄产业发展联盟理事长单位、苏州市果品协会会长单位、苏州市农业龙头企业。

一

夏日炙烤着大地，溽暑烦闷，知了扯开嗓子没完没了地抱怨着。

徐卫东像窗外晒蔫了的割人藤，颓然躺在床上。

复读了一年，还是以几分之差与大学失之交臂。亲戚邻里间有闲言碎语，他是知道的，但此刻哪顾得了那么多，大学梦已破碎，缓了好些天才接受这个现实的徐卫东比谁都清楚，无论如何，日子总还是要过下去。可接下来的人生，该做什么呢？

不知道。

徐卫东

看着帐外一只蚊子这边探探，那边停停，想方设法要钻进来觅食。徐卫东觉得自己活得还不如这蚊子那样有目标，烦躁地翻个身，闭上眼睛试图什么都不去想。

傍晚时分，一阵吱呀声唤醒了熟睡中的徐卫东。迷迷糊糊中徐卫东意识到，这是父亲在担水浇葡萄了，扁担正在父亲肩头一上一下欢快地唱着歌呢。徐卫东猛地睁开眼，许是胡思乱想了好几天，身心俱乏的缘故，此刻却感觉意识还处在溺水一般的窒息状态中。恍惚间，他心念一动，像是抓住了一根救命稻草，迅速坐起，快步迈出房门。

来到院里，徐卫东小心翼翼接过父亲肩下的两桶河水。就这样，爷儿俩一人执一个水瓢，默默地将葡萄树浇透。

夕阳西沉，落日的余晖将天空染成红彤彤的一片。暑气在湿漉漉的空气中蒸腾，漾起一股燥热的泥土气息。未及揩一下额头的汗，徐卫东主动打破了沉默："我想种葡萄。"

父亲是个典型的庄稼汉，直气、寡言。听到这话，皱了皱眉，定定地看着儿子。随后，像确认过什么似的，边捎起水桶，边平静地说道："想好了，就放手去做吧。"

望着父亲日渐佝偻的背影，徐卫东的思绪不禁飘回到童年。1981 年，徐卫东十三岁上，父亲在自家门口辟了二分地，搭起葡萄架，主栽巨峰、康拜尔早生、白香蕉等品种。当时最好的就是巨峰了，徐卫东还记得巨峰结果后，父亲乐呵呵地拿给村里人品尝，大家都交口称赞。这一大片葡萄架，承载了徐卫东太多的童年记忆。每到夏天，最值得期待的不仅是有香甜水灵的葡萄解馋，还有就是一家人在浇完水后凉风习习的葡萄架下吃晚饭、纳凉了。

种葡萄的想法看似临时起意，却非一时冲动。徐卫东生于农村，长于农村，对他而言，土地中刨食虽然辛苦，却有着与生俱来的亲近感。

1988 年的江南农村，空气中已充斥着不安分的因子。乡镇企业方兴未艾，"苏南模式"享誉内外。时代不一样了，农民自身也不再掩饰他们对面朝黄土背朝天的生活的厌弃，脑筋活络的人急切地谋求远离土地。在老一辈看来，年轻人不思进城谋生也便罢了，哪怕进乡镇企业学技术，再不济自己做个小本生意也好，哪有堂堂"喝过墨水"的高中生还回过头来往土地里扎的？亲朋好友不理解，徐卫东却打定了主意。

作家王小波说："人在年轻时，最头疼的一件事就是决定自己这一生要做什么。"徐卫东释怀了，尽管未来充满着无限的可能和无限的不可能，但无论好与坏，既然是自己的选择，即便充满沟沟坎坎，就都是自己能坦然接受的生活。

二

万事开头难。头一难，便是种植技术。

虽有一腔热情和情怀，奈何在葡萄种植上，徐卫东还是一介白丁。最

直接的学习办法，就是跟有几年种植经验的父亲取经。此外，还要想尽办法搜集各种有关葡萄种植的书籍资料。

与此同时，徐卫东也为启动资金犯着愁。父母靠种地供自己读书，已颇为吃力，所以父亲才会想着种点葡萄贴补家用。思来念去，二十出头的徐卫东生平第一次放下面子，向亲戚开口借钱，饱尝过人情冷暖，最终凑得 2000 元。有点少，但聊胜于无。谁也不会想到，后来名动全国的神园葡萄，就是凭借这 2000 元的起步资金，在这个夏天，开启了一段不平凡的旅程。但这些遥远的成就解决不了徐卫东时下的窘境，他依然不得不面对乡亲们话里行间的冷嘲热讽、冷眼白眼⋯⋯

葡萄从扦插到结果，一般需要两三年时间，徐卫东早就做好了长线作战的思想准备，也把这段时间当作一个试种铺垫期。

这一年，徐卫东接手了父亲承包的 2.2 亩高冈地。这是一块偏僻但无污染的荒地。为节约成本，徐卫东和父亲一起将地重新修整一番。这是一段累并充实的时光，徐卫东每天日出而作，日落不息：白天在地里挥汗如雨，建园、挖沟、平整土地、浇水泥柱；晚上则趴在案头恶补种植知识，总结整理当天的观察记录及心得体会，几年间竟积累了几十万字一手资料。

两年的细心呵护，终于迎来回报。一穗穗颗粒饱满、晶莹透亮的葡萄，在晨光微飔中款摆生姿。

但怎么卖出去呢？

一路过来，徐卫东早已放下了读书人的身段——努力了这么久，虽然葡萄的卖相在他自己看来还有待提高，但总归是收获一份成就感了呀。这么一想，徐卫东脚下不觉生出一股前所未有的劲头，学起父亲，每天装上满满两筐葡萄，推着自行车愉快地做起贩夫走卒，有时碰到下雨，早上拉出去 120 多斤葡萄，晚上还剩回 50 多斤，底下有部分压坏了，就拿出来修修剪剪，再采些新鲜葡萄第二天一早继续出去。

300 元，徐卫东收获的人生第一笔财富。即便是在那个年代，依然少得可怜。但一切毕竟都步入了正轨。

在头三年里，徐卫东逐渐积累了基本的技术、经验和少许资金。可好景不长，1991年的春夏之交，老天爷像受了多大冤屈似的，扑簌簌的梅雨延续了将近两个月，导致黑痘病大面积爆发，徐卫东胼手胝足种植的葡萄80%都烂在了绵绵淫雨之中。几乎血本无归的徐卫东，像只遭了瘟的落汤鸡，第一次深刻体会到什么叫看天吃饭，一个人蹲在葡萄架下，欲哭无泪，愁肠百结。

然而在徐卫东的性格基因中，或许有不够聪明、一根筋等缺点，却断无"服输"二字。1993年，他新承包了20多亩地，创立张家港市优质葡萄生产基地。和妻子陶继玉蜗居在一间破旧的小屋好几年，夫妻俩守着几十亩葡萄园，收获却难见起色。眼看不少同学住上了小洋楼，有的甚至开上了小汽车，陶继玉忍不住劝丈夫换个营生，总好过眼下这个只知吞钱的无底洞。

而徐卫东接下来的所作所为，差点酿成了家庭悲剧。

三

陶继玉的枕边风吹到徐卫东这儿，完全成了耳旁风。

此刻的徐卫东，在旁人看来，就是个走火入魔的"戆大"。他不但时常流连于葡萄园，对着葡萄念念有词，还美其名曰"与葡萄对话"，甚至还瞒着妻子将家里仅有的3000元积蓄拿出来，引进了一个新品种。

一个月后，不明就里的陶继玉从邻居的话里听出了端倪，一气之下，头也不回地回了娘家。朋友都觉得徐卫东傻得离谱，简直是不疯魔不成活。当时葡萄在地摊上卖七八毛一斤都乏人问津，赚钱的门道那么多，他死守着这几亩葡萄园有什么意义？

可是面对冷冷清清的家，心里最苦的还是徐卫东自己。他自知理亏，此时去领老婆回家的话，只有吃闭门羹的份。他在赌。赌的可不仅仅是一口气，还有这个新品种的前景。为此，他赌上了自己的身家和名誉，只是

没想到，竟搭上了自己的家庭。

事出必有因。原来不久前，徐卫东到中国农科院郑州果树研究所参加了一次培训。在当时赫赫有名的亚细亚商场里，徐卫东第一次见识到有葡萄卖到 88 元一斤的天价，是他所种葡萄售价的一百倍。徐卫东一度以为是售货员少加了个小数点，但是人家很肯定地告诉他，售价就是 88 元一斤，因为这是从国外进口的新品种。

这完全颠覆了徐卫东的认知，带给他极大的刺激——原来葡萄也能摆上豪华商场的柜台作为高档品销售的！一直以来，徐卫东对于妻子陶继玉是心有歉疚的，他也想让她过上好日子。但这是一步险招，妻子最近一直劝他改行，与她商议只会徒增阻力，思前想后，索性就先斩后奏，不声不响地把这事办了下来。

平常有妻子从旁帮衬倒不觉得有什么，现在少了个人，每天吃得清汤寡水不说，葡萄园里的活儿连个搭把手的人都没有。有时干着干着，徐卫东也会气不打一处来，一屁股坐在随风飒飒作响的葡萄架下，悄悄抹眼泪。

新葡萄园需要浇筑 1000 余根水泥柱，因为徐卫东欲建成当时国内最先进的"T"字形架，这一改良可使葡萄由单一平面结果变成立体结果，病虫危害减轻 35% 以上，叶片光合作用提高 20% 以上，一级果率提高 30% 以上。

屋漏偏逢连夜雨，船迟又遇打头风。种子还没种下，徐卫东又经历了一次生死考验。

1997 年 6 月的一天，徐卫东一个疏忽，在用紧线机拉紧水泥柱上钢丝的过程中，水泥柱突然断裂，连人带柱子被断了的水泥柱砸中了头部。妻子闻讯，从娘家匆匆赶到医院照顾他。所幸伤无大碍，徐卫东怕对大脑产生负面影响，坚持不肯打麻药，生忍着疼痛缝了七针。

要想葡萄的味道更甜更纯，需要大量有机肥。为了省钱，徐卫东每天亲自带着村上的一个拖拉机手到城西奶牛场的堆粪池，一把一把捞出粪肥，再挑到拖拉机上，拉回去施在葡萄地里。那个冬天，徐卫东整整拉回来 120 多车牛粪，双手满是老茧与裂口，晚上吃饭时，手酸软发抖得连筷子都握不住。

1998 年，经历了一波三折的新葡萄终于成熟了。由于是新引进的品种，尚无相应的中文名。即将上市之际，徐卫东一直想不出与众不同的名字。直到有一天，外甥女来葡萄园做客，年轻小娘鱼（吴语，小姑娘的意思）爱美也爱玩，涂了红指甲油的纤纤玉指好奇地在一穗穗葡萄上翻来摸去，跟在一旁讲解的徐卫东突然来了灵感——新葡萄体形细长，顶部是恰到好处的一点红，像极了眼前这女孩的手指，干脆就叫"美人指"吧！为了便于宣传，徐卫东还特地拍了特写照。在 1998 年第三期《山西果树》杂志封面刊登了第一次公开发表的美人指照片，上面便是徐卫东外甥女的手指与美人指的对比照片。

美人指不仅外形和名字美，口感也异常甜蜜香醇。一经上市，迅速走俏。上门买苗的商家络绎不绝。当时小小的一个绿芽就能卖五元，一株美人指光卖苗就有近万元收入。这是徐卫东始料未及的。所谓树大招风，来买苗的人太多了，也招来了不怀好意之徒。

一个王姓老板主动上门看苗，由于芽和苗都卖完了，徐卫东只能抱歉地带他参观一下美人指园。未曾想，这人事后竟偷偷折回来挖了两棵，被逮了个正着。徐卫东懊恼自己的轻忽，但为时已晚。

其时，徐卫东的美人指总共也不过十棵，由于是新引进的洋品种，多少还有些水土不服，葡萄产量很低。徐卫东本想继续靠卖苗赚钱，但是一下子少了两棵，只能死马当活马医，将剩下几棵美人指的葡萄藤延伸，以弥补空出来的空间。

真是有心栽花花不开，无心插柳柳成荫。这个无奈之举，反而让徐卫东发现了美人指增产的秘密。原先一根枝条也就两三米长，经过拉长延伸，能长到五六米，甚至十来米。第二年，十米长的葡萄枝上竟挂满了娇艳欲滴的葡萄，如此一算，产量足足翻了一倍！

1998 年，徐卫东在《山西果树》上发表文章，命名引进的品种"美人指"，他本人也被日本的美人指培育者植原宣弘先生誉为"中国的美人指之父"。

美人指一炮而红，为徐卫东带来了上百万的收入。这还在其次，最重要的，是为徐卫东赢得了尊重，更给了他继续探索的底气。

毕竟，人的梦想是无止境的。

四

葡萄是一种神奇的水果，不同的品种有着不同的味道，玫瑰味、荔枝味、蜂蜜味、话梅味、香蕉味……足足有 30 多种。

1998 年，徐卫东成立了张家港市优质葡萄推广中心，新发展 120 亩结果园。第二年，受美人指的启发，他开始酝酿葡萄杂交育种，并积极与国外葡萄机构联系，交流引进国外的新品种。

不久，日本又一新品种进入他的视线。该品种通体黑亮，浓甜爽口，有一股浓郁的草莓香味，且特别适合大面积种植。

2000 年 2 月，徐卫东直接从日本引进该种。由于一到夏天葡萄就"晒"黑，跟辛勤的果农一样，徐卫东有感而发，翻译定名为"夏黑"，并于 2003 年正式成立神园葡萄科技有限公司，新发展 200 亩夏黑标准化果品基地。同年，徐卫东正式发文，将夏黑宣传推广至全国，截至 2015 年底，夏黑已经推广到全国 20 多个省市区，面积 60 多万亩，产值超过 65 亿。徐卫东也被中国农学会葡萄分会会长晁无疾誉为"夏黑推广第一人"。

神园者，"神"代表科学、科技，"园"为田园、家园。两者相合，表达了"绿色科技，生态家园"的寓意。神园商标图案里红色的"S"是神的拼音首字母，金黄色的"Y"状的叶穗是园的拼音首字母，代表正在生长的幼苗，图案底色为绿色，寓意为在绿色的田野上，收获金色的希望。

从 2004 年至今，徐卫东一直被推选为江苏省葡萄协会的会长。这位"葡萄王子"以肯干的精神和扎实的技术，以坚韧的毅力和旷达的气度，获得了广泛认可。他的成功也成为当地的标杆，周边 20 多户原本种植水稻与棉花的农户，纷纷跟着他种起了葡萄。一路磕磕绊绊走过来的徐卫东，太清楚遇到问题求告无门的辛酸了，为了攻克技术难关，他订阅了《中国果树》《山西果树》《江苏农业科技报》等20多种报纸杂志，还报名参加了中国农民大学的函授课程，取得大专学历，圆了自己的大学梦。

虽然已是身家千万的葡萄种植大户，徐卫东身上仍烙印着朴素务实的本色，深谙饮水思源的道理。有果农上门求助，并不会因为同行间的竞争关系而有所保留，总是倾囊相授。在他的指导下，许多新手都成长为葡萄达人。其中最有名的，是张小虎。张小虎是句容市白兔镇人，当地的葡萄种植示范户，前任国家领导人胡锦涛就曾专程考察过他的美人指葡萄园。

多年来，徐卫东一有机会就去以色列、日本、法国、德国、南非等国家和地区考察，学习先进的管理、技术，访求优质品种。2006年的一次日本之行，让他再一次受到刺激，也让他发现了一个新商机。在日本一家葡萄园参观时，有个品种叫"浪漫红宝石"，别说和葡萄合个影，就连叶子和葡萄都碰不得。徐卫东咋舌不已，什么品种竟这么娇贵？待看到庐山真面目，震惊之余，一问价格，乖乖，一穗25粒左右的葡萄能卖800元人民币！

那种震撼在徐卫东心里翻江倒海了许久。在回国的班机上，徐卫东辗转难眠。望着窗外疏朗的天空下，云彩层层叠叠，一直铺陈至天际，他再一次体会到自己的渺小。慢慢地，一个更为庞大的葡萄产业王国，在他的脑海里初现雏形。

五

徐卫东回国后的第一件事，就是即刻全力推动培育拥有自主知识产权的葡萄品种。

稍微懂行的人都知道，一个新品种，从培育、遴选到量产，一般都要十年甚至更久的时间。而且这种投入是个无底洞，一次小小的成功，往往是建立在大量的失败之上的。

徐卫东却认为，人的格局很重要，自己数十年来在葡萄上投注了这么

徐卫东在观察葡萄新品种

多感情，可不会只满足于赚钱养家。他不喜欢今天是昨天的延续，明天是今天的重复的生活。进步源于创新，天地之间，除了老婆孩子之外，有什么东西不能改变？

为此，徐卫东不惜花费数倍于黄金的价格，将2400多颗种子送上太空，进行太空育种。最终仅有一颗成活，徐卫东又花费五六年时间将其培育出来。不仅如此，他还花高价收集了1000多个品种。几年时间，带着工人们做了上万次试验。

2009年9月，一个叫"小辣椒"的新品种，让徐卫东再次名动葡萄界。小辣椒是徐卫东用美人指和大独角兽杂交的后代，也是徐卫东育种六年来上万次实验里，外形最与众不同的一个品种。顾名思义，它形似钩状的辣椒，果肉又脆又甜，咀嚼的口感与冰激凌相似，是一个难得的优质品种。

十几年来，经江苏省农作物品种审定委员会审定，徐卫东带领团队成功培育出"小辣椒""园玉""黑美人""园意红""园野香""早夏香""藤玉"等新品种。其中，黑美人更是被植原宣弘先生引进日本，大力推荐。

徐卫东经历了葡萄生产、营销、引种、育种、服务、培训等方方面面，在地头日晒雨淋，亲力亲为三十余年，深感农业生产的不易。如今，神园建有张家港总部基地 1200 亩，建成拥有 1200 多个品种的葡萄种质资源圃；建有云南玉溪及元谋优质果品基地 360 亩；为新疆博乐基地 1.2 万亩夏黑做全程技术指导；联合农户共建优质果品基地 10 万亩，成为华东地区最大的葡萄品种资源、优质种苗及高档果品基地。

2008 年，北京奥运会前夕，徐卫东作为苏州市新型农民代表，被奥组委推选为奥运火炬手。这份殊荣对徐卫东有着特别的意义——谁说作为第一产业的农业不再重要了？时代在进步不假，农业也在大步向前呀！

受气候和市场的影响，单纯的葡萄种植依然存在较大风险，科技种植虽然可以减轻自然灾害的影响，但并不能完全避免损失。2013 年，徐卫东打造了一个以葡萄为主题，集餐饮、娱乐为一体的综合型现代葡萄主题公园——葡萄大世界。在他看来，未来的农业，卖的不仅是农产品，还是体验、健康和快乐。于是，借鉴日本同行的经验，一种全新的融观光采摘、休闲体验、科普教育于一体的农业生态链模式——"神园连锁果园"应运而生。这种前店后园的全新商业模式，满足了城市人群"离尘不离城，修心又修身"的需求，有着广阔的发展空间。

如果说，葡萄以前是徐卫东生活的一部分，现在则是他生命的一部分了。它不仅让徐卫东发家致富，也引导他找到了生命的意义。他热爱葡萄，认为它们也是有喜怒哀乐的精灵。在"葡萄大世界"中，除了临水而建、整齐划一的葡萄大棚，还有一个数百米长的葡萄长廊，绵密幽深。每日天蒙蒙亮，只要无事缠身，徐卫东总会成为这里的第一位游客。曙色熹微，万籁俱寂，草虫在晨露中安然沉睡。徐卫东慢步徐行，偶尔会想到那个决定自己人生走向的傍晚，真得感谢父亲在葡萄架前给予的理解和信任呢。这么想着，徐卫东又到大棚区逐一转转，看看葡萄长势，有无病害，用心感受着葡萄拔节抽穗的生命力，仍不忘轻抚呓语一番。晨风阵阵，迎风起

舞的叶穗旋即颔首致意，絮絮低语——他们之间有说不完的话。

与葡萄对话，感受生命的精彩。让葡萄走进更多人的生活，带给人们健康、快乐、休闲，是徐卫东未来努力的方向。

郭士安：在务实创新中践行教育理想

2013 年"苏州十佳魅力科技人物"。他热爱青少年科技教育，他的梦想就是燃烧自己去点亮青少年科技创新梦想。

郭士安，江苏省中学生物特级教师，荣获全国十佳优秀科技辅导员、苏州市十佳魅力科技人物、第二届苏州市科技创新市长耕耘奖等荣誉称号。1996 年毕业于安徽师范大学，现任江苏省苏州第一中学科技教育中心主任。从教 35 年来，在他的教学生涯中，经历过改行教生物，跨初、高中生物教学，在职业务进修，担任过 13 年班主任，做过 6 年生物教研组组长，干过 8 年教科室主任，从事 26 年的兼职科技辅导员工作。无论从事什么工作，郭士安总是勤勤恳恳、兢兢业业，做到了干一行、爱一行、钻一行，在务实创新中践行着自己的教育理想。

一

他热爱青少年科技教育，他的梦想就是燃烧自己去点亮青少年科技创新梦想。

他在教学中注重理论联系实际，开展问题式、探究式教学，注意学生问题意识、学习兴趣和探索精神的培养。

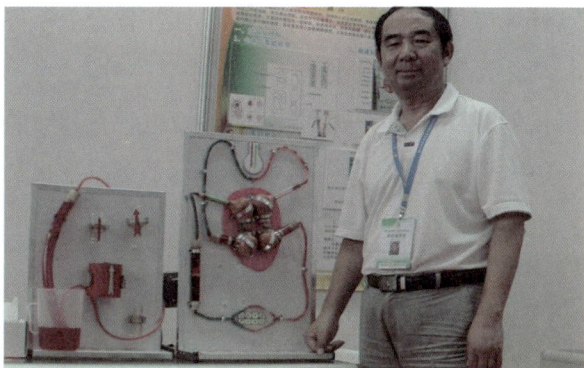

《心血管瓣膜模型及血循环
演示器》荣获 2000 年教育
部第五届自制教具一等奖和
2012 年全国青少年科技创新
大赛科教制作一等奖

他将科学研究方法、创新思维方法、发明创造技法，融入高中生物教学、综合实践和研究性学习课程，为学生启迪科学智慧。

他引领学生开展课题研究、发明创造和创新社团活动。

他指导学生在全国青少年科技创新大赛上摘金夺银，在科学的海洋里展翅翱翔。

他所工作过的蚌埠铁中和江苏省苏州第一中学成为省市乃至全国科技创新教育名校，他走出了既有利于培养学生创新能力、实践能力，又有利于学生升学和自我发展的新路子。

他就是郭士安老师。

郭士安老师从事兼职科技辅导员 26 年来，通过长期的学习、探索、实践，积累了丰富的工作经验。

自 1990 年开始，郭士安义务兼任学校青少年科技活动和研究性学习的辅导员工作，在校领导的重视和支持下，在师生的共同努力下，指导学生参加了全国青少年科技创新大赛、"明天小小科学家"奖励活动等科技竞赛活动，共获得全国一等奖 2 项、二等奖 4 项、三等奖 3 项，美国"英特尔"少年英才奖 1 项，明天"小小科学家"奖 2 项，"海尔"科技创新奖 1 项，省一等奖 8 项、二等奖 8 项、三等奖 4 项，有 10 位学生因为在全国青少年科技创新大赛获奖保送全国重点大学。自己先后工作的学校被评为"安徽省青少年科技活动名校""蚌埠市科技创新先进单位""江苏省青少年科学教育特色学校""苏州市青少年科技创新摇篮学校"等荣誉称号。

他的先进事迹和学校科技创新教育活动先后被中央教育电视台、安徽电视台、江苏教育电视台、《中国教育报》《中国铁道报》《江苏科技报》《姑苏晚报》《城市商报》等多家媒体报道。

二

从站在三尺讲台上那天起，面对着教室里几十张活泼可爱的面孔，望着几十双渴求知识的眼睛，一种神圣的使命感油然而生。

郭士安暗自发誓：要做一名优秀的人民教师，决不能误人子弟。

1981年毕业于苏州铁路技术学校师范班化学教育专业后，郭士安被分配至上海铁路局蚌埠铁路中学工作。由于当时学校缺少生物教师，他服从学校分配改行当了一名初中生物教师。为尽快胜任生物教学和班主任工作的需要，郭士安边学边教，经过一段时间的努力，较快地适应了教育教学工作。

为了打牢自己的专业功底，郭士安先后于1984年至1987年及1993年至1996年两次参加全国成人高考，就读于安徽师范大学生物系进修学习。八年的化学、生物学习经历，为今后的教学工作打下了坚实的基础。由于他工作努力，虚心好学，教学成绩突出，铁道部上海铁路局还授予郭士安"自学成才奖"荣誉称号。

郭士安十分重视生物学实验教学，在实验教学中，加强教学反思，改进实验方法。比如针对演示实验和学生分组实验存在的弊端，自1990年起，他进行了中学生物边学边实验教学法的探索。依据初中生物课程标准，结合教学实际，在分析初中生物教材实验的基础上，对生物实验进行分类、重组，将实验分为：演示实验、分组实验、边学边实验和课外实验。由于边学边实验是在教师的指导下，学生边学、边做、边思考，在学中做，在

做中学，因而提高了生物实验课的教学效果。

此外，为了加强学生思维能力培养，郭士安在高中生物新课程教学中，贯彻新课程理念，面向全体学生，倡导自主、探究、合作学习，培养生物科学素养。在落实课堂三维教学目标的过程中，特别注重学生科学思维的培养。比如在生物学教学过程中，联系"生物科学、技术、社会的实际"，在培养学生科学思维方面，除了注意培养学生的形象思维、逻辑思维、辩证思维等思维能力外，还重视学生点、线、面、体思维的培养。

通过多年的教学实践，郭士安形成了自己"导学、灵动、扎实、有效"的教学风格。所带班级生物学科成绩在同类班级中名列前茅，高中会考、联考和质量检查考试成绩多次位居全市前列。

三

2003年至2011年，郭士安担任蚌埠铁中教科室主任，负责学校的教育科研、教研组、教师业务竞赛和学科竞赛等工作。

刚接手学校教科室工作时，学校教育科研工作十分薄弱，老师平时课业负担重，学校缺乏科研经费，老师们对教育科研缺乏积极性，学校拥有省市级课题少，全校只有校长和他负责的两个安徽省十一·五规划课题。

由于校长调走，他负责的《信息技术环境下高中语文教学方法模式的创新研究》课题研究被迫中断，大量研究工作还没完成，当时距离结题时间不足半年，如果放弃研究，学校领导要向省级主管部门做出说明，学校声誉受损。为挽回上述不良局面，学校决定由郭士安和分管教学的副校长担当课题负责人。

在省课题规划办举行的结题会议上，郭士安学校的课题研究工作受到与会专家的高度评价，2010年10月结题并通过省级鉴定，这是学校第一个完成结题的项目，课题组全体成员受到学校领导的表扬。他主持完成的安徽省十一·五规划重点课题《高中生物研究性学习课程资源开发利用的研究》于 2011 年 4 月结题并通过省级鉴定，研究论文《研究性学习和高中生物学中教师智力资源的开发利用》发表在《生物学教学》2011 年第 9 期。

郭士安主持的苏州市十二·五规划重点课题《基于蚕桑文化课程资源开发的高中生物综合实践活动的研究》于 2015 年 12 月通过结题鉴定。作为核心成员负责参与 2015 年江苏省中小学教研室课程教学改革重大研究项目《生物学习室·学具开发及其教学研究》，已取得一些研究成果，已开发生物学具 6 项，通过在高中生物教学中应用，受到师生的喜爱。

在几十年的教学生涯中，郭士安一直坚持对中学生物教师创新思维的培养，他认为高中生物新课程改革的主要目的在于培养学生的创新精神和实践能力，其核心是培养学生的创新思维。教师是人类灵魂的工程师，必须首先具有创新思维，否则就不能担当培养学生创新思维、塑造好学生"灵魂"的使命。生物学是一门综合性、实践性、应用性、创新性强的科学，是 21 世纪的领先科学，生物科学及相关科学的应用和发展，需要我们培养更多具有高素质的创新性人才，这决定了中学生物教育必定是创造性的教育。培养生物学教师的创新思维，需要树立创新意识、更新教育观念，善于学习思考、构筑科学思维，加强教学研究、创新教学模式，重视生物实践、培养创新能力。

生物学教师的创新思维能力不是在短时间内或经过几次训练就能形成的，它是在不断实践、探索、改进、创新、总结的过程中逐渐发展起来的。在生物新课程改革实践中，教师要及时抓住各种机遇，使自己的思维经常处于求异、求新状态，用创新思维的理念去践行生物教学的行为，培养创新思维能力，开拓进取，不断创新，争当新时代"创新型教师""专家型教师"，为培养创新人才贡献力量。

四

郭士安在指导学生选题上做到"六个结合"：即结合课堂教学选题，

结合学生的兴趣爱好选题，结合课外科技实践活动选题，结合社会、生活、生产和自然资源的实际选题，结合当今人类关注的热点和难点问题选题，结合科技教育专家、教师提供的研究方向选题。

爱因斯坦说："提出一个问题往往比解决一个问题更重要。"

为了让学生明白什么样的问题更有研究价值，激发学生的问题意识，郭士安教会学生"问题质疑三段式"，即对于周围的问题不仅要知道"是什么""为什么"，还要知道"怎样办"。

比如三位同学对转基因抗虫棉问题特别感兴趣，学生运用"问题质疑三段式"，不仅知道了转基因抗虫棉是怎么培育成功的，弄清了转基因抗虫棉为什么能抗虫的道理，还提出了利用转基因抗虫棉的秸秆、棉籽作为生物杀虫剂的研究课题。

李筱玮、裴浚慧、陈欣锐三位学生，在郭老师的启发下，针对苏州古井保护存在的问题，开展了"苏州市平江历史街区沿街古井的现状、价值及保护对策的研究"，通过调查为每口古井建立了保护档案，化验了古井的水质，找出了古井保护存在的问题，提出了古井在水资源保护、历史、文化、旅游等方面的价值和古井保护、开发的价值，三位学生对古井的研究事迹和报告，苏州市和江苏省多家媒体予以报道，受到苏州市政府有关部门的高度评价，产生了良好的社会效益，该研究项目还荣获 2013 年全国青少年科技创新大赛二等奖和 2014 年苏州市第二届科技创新市长奖。

王锐、孙智雯、余超同学在研究性学习中，应用学到的科学研究方法，提出了从分子水平上探究吸烟对人体健康危害的问题，在郭老师的指导下，开展了"从香烟烟雾对酶活性的影响看吸烟对人体的危害"的研究，该项目获得 2001 年全国生物与环境科学实践活动比赛一等奖和美国英特尔少年科学奖，三位学生保送全国重点大学。

孔凡帆、韩非寒等同学在郭老师的指导下，不仅了解了室内的甲醛污染，试验甲醛对植物种子发芽的影响，还开展了"植物种子对空气中甲醛指示作用的研究"，该项目荣获 2005 年全国青少年科技创新大赛二等奖，两位学生保送全国重点大学。

王菁同学在郭老师的启发鼓励下，利用学到的发明创造和科学研究方法，应用化学反应的原理，通过反复试验，研制出了"轮胎补漏充气液"。凭着这项发明，她申请了2项发明专利，获得了2007年全国"明天小小科学家奖励活动"二等奖，并被保送到南京航空航天大学。

学具是由学生操作使用，以帮助学生学习的模型、实物、图表等的统称。巧用生物学具是开展自主、合作、探究式教学的一项直观、生动、有效的教学手段。以学具为探究教学载体，促进了教师与学生、学生与书本、学生与学具、学生与学生的对话；以学具为探究教学手段，学生在自主、合作、探究中，掌握生物知识、解决教学疑难、激发学习兴趣、活跃科学思维、锻炼表达能力、培养动手能力和创新能力，体验生物科学探究的快乐。

郭士安利用课余时间，进行教学具的研究制作，其中自制教具《心血管瓣膜模型和血循环演示器》获2000年全国自制教具评选一等奖及全国第27届青少年科技创新大赛科教制作一等奖，并申请2项发明专利；自制教具《肋骨运动模型和膈肌运动模型》获教育部自制教具评选优秀奖和省优秀自制教具一等奖；其中《膈肌运动模型》被人教版初中教材采用。他主持完成了十一·五省级重点课题3项，在省级以上期刊发表学术论文30多篇。

一位在科技活动中受益的学生在给郭老师的节日祝贺短信中说："在人生的旅途上，是您让我感受到创造所带来的愉悦和美。"作为一名科技辅导员最神圣的职责，就是要让青少年在学好知识的同时，体验到动手动脑、创新创造的快乐，就是要在青少年幼小的心田中播下科技创新的种子，让他们生根发芽，枝叶繁茂，将来成为国家的创新人才，为建设创新型国家贡献力量。

五

郭士安认为："苏式教育要更加突出科技创新教育。"基础教育在培

养人的创造性方面具有两重性，既有培养人的创新精神的力量，也有压抑人创新精神的力量。我国基础教育由于长期受应试教育的影响，严重地压抑了青少年实践能力和创新能力的发展。所以，原教育部部长陈至立曾指出：面对 21 世纪，我国要抓紧进行教育改革，其中的重点就是大力推进素质教育和创新教育。

从当今世界科学教育改革发展趋势看，一些科技教育发达国家为培养更多的科技创新人才和工程技术人才，适应社会发展的需要，更加重视科学与工程实践的学习。目前我国进行的新一轮课程改革和高考改革，也将借鉴教育发达国家的先进经验，更加突出学生的综合实践能力、创新思维能力的培养。开展青少年创新教育，是培养未来创新人才的需要，是培养科研型、创新型、专家型教师的需要，是彰显学校办学特色、提升学校办学水平的需要，当然也是打造"苏式课堂""苏式教学""苏式教育"的需要。

郭士安深深感到，作为当代教师任重而道远，路漫漫其修远兮，吾将上下而求索。在苏式教育中要突出创新教育，其中要重点做好以下几方面工作：贯彻创新教育理念、创新人才培养模式、开设综合实践课程、抓好科技实践活动、加强科技教师培养、改变教育评价方式、开发科技教育资源。

建设创新型国家，人才是关键，教育是培养人才的主渠道，如果基础教育不重视创新教育，何来创新人才？创新、创造是能力，更是习惯和素养。只有按照创新教育理论方法，从教育理念、教学方法、教育模式、课程设置、师资培养、评价方式等方面改革创新，从根本上摆脱应试教育的束缚，突出创新教育，培养学生的创新意识、创新思维、创新方法、创新能力、创新习惯和创新品质，真正做到让学生全面而有个性发展，让国家创新人才辈出，让我们的基础教育为建设创新型国家、实现中华民族伟大复兴的中国梦奠定坚实根基，这样的苏式教育才是人们心目中理想的教育。

教师工作是郭士安生命中的重要经历。他在年复一年、日复一日地耕耘、奉献，也在年复一年、日复一日地收获。

　　他收获了孩子们的那份真诚与渴望，收获了同事们的那份友情与帮助，收获了社会的认可与尊重。同时他也在探索教育教学改革的道路上，收获了自身成长过程中的苦与乐，也在执着、务实和创新中践行自己的教育理想，实现了个人生命价值与教师职业生命价值的和谐统一。

高裕弟：让高科技在产业中"发光"

2012 年 "苏州市十佳魅力科技人物"。致力于推动产学研一体化，释放高校的科技资源和价值，促进"万众创新"。

高裕弟，昆山维信诺科技有限公司总经理。2006 年到昆山，一直从事 OLED 材料及器件技术的研发工作，多次带领团队突破国外专利的技术壁垒。高裕弟代表中国参与国际电工委员会有机发光显示器国际标准的制定，并负责光学及光电参数测试方法（PT62341-6）标准的制定，多次参与相关国际标准会议，使该标准更多体现我国《电子信息产业调整和振兴规划》的利益诉求，对提升我国显示产业领域的国际竞争力具有重大的战略意义。曾荣获"国家科技部创新领军人才""江苏省青年科技奖"、苏州市"五一劳动模范"等荣誉。当选第十一届中国青年企业家协会副会长。

一

朋友聚会、媒体采访，要一约再约；回北京的家，与妻子、幼女团聚，一年难得几次……

高裕弟就是这样忙碌，为的都是 OLED——一项被称为"梦幻般的显示技术"，写就了他一个 70 后科技精英的"花样年华"。

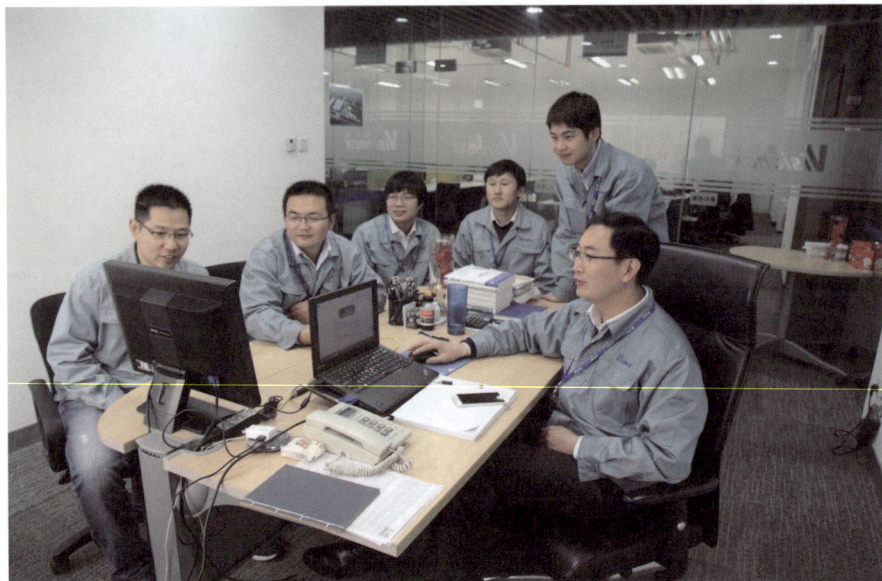

维信诺团队工作照

身为昆山维信诺科技有限公司的总经理，高裕弟的办公室是面积不足十平方米的玻璃房间，只布置了最简单的办公桌椅。看似简单的办公室里，高裕弟却将自己大把的时间和精力倾注于此。

办公室的玻璃上，他写满了密密麻麻的 OLED 技术和产业发展"密码"；他喜欢和一群同事围坐在长桌边"敞开式办公"；他常面对阅读灯、显示屏等发光体陷入冥思遐想……

在维信诺，大家都称呼高裕弟为"高博"，而不是"高总"。在这家高新技术产业公司，技术倍受推崇。事实上，高裕弟并非公司里唯一的"高博"。对于所有博士，大家都尊称其为"某博"。高裕弟笑言，当别人叫"高博"时，他总能准确地区分出究竟是找他还是找另一位"高博"——因为他们负责的工作内容完全不同。

维信诺公司独特的企业文化，源于其自诞生之日起就拥有与众不同的"高新技术"基因。它的前身是成立于 1996 年的清华大学 OLED 项目组，

2001 年在北京成立维信诺科技有限公司，筹建中试（产品正式投产前的试验）生产线。2006 年昆山维信诺显示技术有限公司成立，筹建量产基地。公司名称"维信诺"是英文名"Visionox"的中文音译，表示其旨在"提升人类视觉（vision）享受"的价值追求，同时也有重诚信之意。

1995 年，高裕弟被保送至清华大学化学系学习；1999 年他做本科毕业设计时的实验课题就是在塑料薄膜上制备柔性的 OLED 显示屏。这是他第一次到 OLED 科研项目组，第一次接触 OLED 蒸镀设备和工艺。没有想到的是，就是这第一次实验，居然实现了软屏点亮。正是见证了这样一次看似偶然实则来之不易的成功，激发了他对 OLED 的兴趣。

高裕弟深深地相信，在不远的将来，我们的衣服上、窗帘上、眼镜上，以及其他很多地方都将出现柔软的显示屏。OLED 有别于传统的显示技术，无需背光源，而由非常薄的有机材料膜层和玻璃基板构成，当有电流通过时，这些有机材料就会主动发光。由于具备自发光、重量轻、亮度高、功耗低、视角宽、高效节能、可实现柔性显示、适用温度范围广等特性，OLED 被誉为"梦幻般的显示技术"，成为继显像管（CRT）、液晶（LCD）技术之后的新一代平板显示技术，将逐渐广泛应用于手机、笔记本电脑、电视、车载信息系统、智能穿戴设备等产品显示屏上。

高裕弟至今还记得，本科毕业那年，他和比他高三个年级、曾睡在他上铺的兄弟潘峰坐在清华校园的咖啡厅里畅想未来。潘峰想动员高裕弟一起投身当时方兴未艾的基金业，提出"我们要选择国内还缺少的、未来有前途的职业"。高裕弟笑着说："我也选择了一个刚起步、中国现在很缺乏、未来将成为亮点的产业，这就是 OLED。"

转眼十余年过去，潘峰成了投资专家，曾任某知名基金公司研究部总经理，高裕弟则亲历了 OLED 项目组由清华大学实验室里的几个人，发展壮大至如今拥有千余名员工的中国 OLED 领域领军企业。作为创业团队早期的核心成员之一，高裕弟和"小伙伴们"一起不断克服创业不同阶段的难题，逐步了解和熟悉高新技术向产业转化的全过程。

二

在维信诺，高裕弟有一个著名的雅号叫"专利王子"。他从小好奇心强，喜欢新鲜事物，自中学时代起就酷爱"不断生成新物质"的化学学科。自从涉足 OLED 领域至今，高裕弟个人申请的发明专利已达 70 余件，并于 2011 年作为主要完成人之一荣获"国家技术发明奖一等奖"。他和同事们一起成功运用新型材料，使 OLED 发光效率提高 30% 左右，寿命延长了一倍。

然而，对这个令别人啧啧称奇、羡慕不已的称号，他并不引以为豪。"成功不在于专利数量，而在于更好地运用于民。"高裕弟淡淡地说。

谈及科技创新的秘诀，高裕弟说，好奇心是基础，但现实中更为关键的是要选择一个富有创新机会的事业平台。他认为自己所从事的 OLED 领域正是这样一个平台："1996 年清华成立 OLED 项目组，当时全球还没有 OLED 产品面市。所以，如果说中国过去许多技术的研发总是跟在别人后面，那么，在这个新兴领域，我们与全球是同步的。"

高裕弟相信，公司能否创造有利于创新的机制和环境也至关重要。早在清华大学的实验室里，OLED 项目组就形成了不只看重发表学术论文的良好氛围，申请专利也会同样受到奖励。后来，维信诺公司继承了这个优良传统，通过激励机制使技术人才感受到重视，并致力于打造学习型组织，对新进的技术人员进行有关创新思维和方法的系统培训。

"以科技创新引领中国 OLED 产业"，这是维信诺为自身确立的企业使命，其对科技创新的注重由此可见一斑。

"技术创新还是我们的看家本领。"高裕弟说。他强调，维信诺对于科技创新是持续跟进的，对技术人才的培养也不遗余力。

"维信诺最引以为豪的不只是公司有多少位清华毕业生，更关键的是我们自己培养了几百名 OLED 技术工程师。而且，这批队伍非常稳定，大家对我们共同事业的前景有共识。伴随着公司的成长，许多原先的技术人员不断升任新的量产线的主管、经理等职，每个人的发展空间都越来越好。"

他们知道，创新是要有梦想的，现在他们也常在问："什么时候我们能把几十平方米的超大显示屏，折叠起来，放在行李箱里？什么时候55英寸的电视机可以如同拿在手里的生日贺卡一样轻？"他们更知道，实现创新的梦想，必须靠辛勤的付出、不懈的努力，再没有其他捷径。

三

高裕弟曾读过硅谷顶级投资人本·霍洛维茨所写的《创业维艰》，他赞同书中所说，创业是件举步维艰的事，"天天都像是在打仗"。

2005年，就在维信诺的OLED量产基地准备在昆山筹建之时，整个OLED产业陷入低谷。那时，OLED显示屏主要被广泛运用于MP3显示器。随着MP3售价迅速由数千元跌至几百元，乃至最后逐渐淡出市场，一时间，OLED受波及而大有成为明日黄花之势。台湾三四家企业的相关产线下马，日本索尼公司也对外宣布"OLED没有前景了"。

"当时，一些非常关心我们的人都说，现在是退出最好的时机，不要再做了。"高裕弟回忆说。

然而，维信诺的团队没有选择退缩。公司核心成员聚在一起开会，只用了20分钟就达成共识确定"要做"。为了这个共同的目标，大家把任务一一拆分，包括高裕弟在内的每一位核心成员都签下"军令状"，大家众志成城地决心要在行业低谷逆势而为，通过技术上的创新和竞争力，完成多数竞争对手做不到的事，然后，去迎接产业下一波的机遇与挑战。

2008年，中国大陆第一条被动式有机显示发光（PMOLED）大规模生产线在昆山维信诺公司建成投产，产品被广泛应用于便捷式消费电子产品、仪器仪表、医疗设备等终端，远销世界多个国家和地区。

同年，高裕弟第一次离开北京维信诺研发中心，阔别妻子女儿，正式调往昆山工作。在前往昆山的火车上，高裕弟与同行的两位有过其他行业量产经验的新同事讨论问题，他们对他的评价是"对量产完全没有概念"。

"今天看，他们当时说得一点没错。"经过多年的生产和管理实践，高裕弟深刻领悟到，从技术到产品是一个全新的过程：研发是做出来就行了；量产是要能实现高质量、稳定的生产；市场营销则要求能及时准确地满足客户需求，有时反应时间甚至只有短短两三天。"会者不难，技术是我们擅长的，而从生产到市场，对我们而言，越往后越难。"他说。

高裕弟解决难题的方法是，在实践中学习，向不同的"好老师"学习。他在行政管理中学会如何做好细致的"针线活"，他向公司的银行家董事学习风险和财务管理，他向邀请的海外专家学习生产运营管理的经验……"如果每个团队成员不断学习，整个组织就将不断得到优化和提升。"高裕弟说，维信诺通过多年的学习、探索和发展，逐渐确立了一系列标准的工作方法体系，如"MCCV 指标"，即从市场需求、竞争对手水平、客户期望和维信诺水平四个维度去考量技术攻关项目。又如"QPDS 理论"，即从质量、价格、交付、服务等四个角度去开拓市场，设法全方位地满足客户需求。

高裕弟充满自信地说："最初，技术和质量是我们的核心竞争力。现在，我们的管理和服务都得到客户的高度评价，形成了公司新的核心竞争力。"

四

"中国的高博士，您是什么观点？"2008 年 10 月，在一次制定 OLED 测试方法国际标准的答辩会上，各国专家多次向来自中国的标准制定小组成员高裕弟询问道。高裕弟有理有据地不断阐释自己及维信诺团队的见解。

制定标准是为整个产业服务的，维信诺和清华大学自 2002 年开始参加 OLED 国际标准的制定，每年要为此投入很多相关资源。尽管如此，维信诺管理层一致认为，坚持做这件事是值得的。此前，OLED 国际标准的制定主要掌握在美英日韩等国手中。所以，高裕弟感到很自豪："我们要向世界发出中国的声音。"

OLED 国际标准制定

　　"不是所有企业都能这样始终把自己的志向放在整个民族的角度去考虑。产业报国，顶天立地，看上去很大，但通过脚踏实地的工作又变得很实际。可以说，通过维信诺这个平台，我们把清华的高要求变成了实际的行动，更加坚定了抱负和追求。"高裕弟说，"从另一个方面看，一个人、一个企业的价值要有所体现，还是要跟国家主战场结合在一起。如果不能识别出未来的主战场，那么，创业、创新也可能不会取得非常大的成就。"

　　显然，维信诺成功识别了中国及全球显示领域的"主战场"。继 2008年建成中国大陆第一条 PMOLED 大规模生产线后，他们又支持相关研发机构于 2010 年建成中国大陆第一条主动式有机发光（AMOLED）中试生产线。2012 年维信诺 PMOLED 产品出货量跃居全球第一，并保持至今。

　　如今，OLED 的应用市场越来越广泛，韩国、日本和中国台湾地区将其作为战略性产业重点发展。各显示巨头纷纷投资发展 OLED 产业。维信诺的产品远销世界各地，拥有国内外客户逾千家，其支持建设的国显光电

AMOLED 大规模生产线也已顺利建成投产。

在高裕弟看来，时下的中国是创业、创新非常好的历史机遇期。一方面，国家大力支持，创业条件和环境越来越好；另一方面，据经济学家研究许多西方发达国家的发展历程发现，当研发投入占国家经济总量的比例达到2%，这个国家就将进入科技起飞阶段，而根据统计，中国在过去的十余年中，正在快速接近这一水平。"在这个最好的时代，唯激情抱负不可辜负。有志于创业的年轻人，一要坚定信心，立志创业；二要耐下心来，甘坐十年'冷板凳'。"

高裕弟说，有很多非常优秀的科技项目和成果仍只停留在校园里，没有跟市场对接，没有转化为产业。"如果能把高校的科技资源和价值释放出来，对于'万众创新'将会起到非常大的促进作用。"

对于未来，高裕弟深信，显示领域仍大有可为。他说，将来的 OLED 材料可以使屏幕完全透明，与墙壁、服装等融为一体；而 OLED 超轻薄、可弯曲的特性将可能使显示屏能够像纸一样折叠；甚至有一天，新型显示屏可以像报纸一样通过"印刷"的方式生产出来。

至今高裕弟还清楚记得自己接受"苏州魅力科技人物"颁奖的情景。当天在下面观看颁奖的，除了来自各行各业的创新代表外，还有很多来自苏州的中小学生。就在高裕弟领完奖走下舞台，从大厅后面绕回到前排座位的时候，旁边的几个小朋友向他竖起大拇指，并说了声："叔叔，真棒！"

就在那一刻，高裕弟突然发现，自己所追逐的梦想，不也正是大家的期望、中国未来的梦想么？今天，是对过去的总结，也是未来的新起点。"在逐梦的路上，大家对我的期盼让我从不敢停歇。我坚信，在维信诺等中国企业的努力下，中国显示技术能在不远的将来引领全球显示产业。"同样，高裕弟也始终记得，全国人大常委会原副委员长、中国科协名誉主席周光召院士到维信诺视察时曾说过一句话："中国不缺科学家，也不缺企业家，但缺少能将科技转化为生产力的科技企业家。"

廖国娟：从"学霸"到"女侠"

2015 年 "苏州市十佳魅力科技人物"。致力于关于 DNA 的读和写，用自己的智慧在创造基因的奇迹。

廖国娟，苏州金唯智生物科技有限公司 CEO。1999 年，伴随着人类基因组计划的实施，拥有生物化学与细胞生物学博士的廖国娟开始在美国创业。2010 年廖国娟到苏州二次创业，在她的带领下，金唯智生物专注于 DNA 测序、引物合成、基因合成、分子生物学服务、基因组服务、高通量测序、GLP 标准规范服务以及临床分子诊断服务，立足于生命科学领域，已成为全球诸多知名跨国公司以及著名高等学府的战略合作伙伴和首选供应商。苏州公司于 2013 年底正式成为集团的中国总部，先后被认定为"中国服务外包成长型百强企业""国家博士后工作站"等。

一

2013 年 4 月，中国国内爆发 H7N9 疫情。

所谓 H7N9 疫情，可以通俗地解释为禽流感（Bird Flu 或 Avian Influenza），是禽流行性感冒的简称，它是由甲型流感病毒的一种亚型（也称禽流感病毒）引起的一种急性传染病，也能感染人类，被国际兽疫局定

廖国娟

为甲类传染病。其实早在 3 月 31 日，国家卫生和计划生育委员会就通报，上海市和安徽省发现 3 例人感染 H7N9 禽流感病例，其中两个抢救无效死亡，一人正在积极抢救。这也是全球首次发现的新亚型流感病毒，2013 年春天在亚洲导致 45 人死亡。科学家称，H7N9 禽流感病毒的隐蔽性使其难以追踪，病菌在冬季寒冷的月份更为活跃。

2013 年 4 月，接国家疾控中心电话，仅用 4 天时间就完成 H7N9 禽流感病毒关键基因合成的，就是廖国娟和她带领的金唯智团队。

2014 年 2 月西非埃博拉病毒疫情开始爆发。

埃博拉（Ebola virus）又译作伊波拉病毒，是一种十分罕见的病毒，1976 年在苏丹南部和刚果（金）（旧称扎伊尔）的埃博拉河地区发现它的

存在后，引起医学界的广泛关注和重视，"埃博拉"由此得名，是一个用来称呼一群属于纤维病毒科埃博拉病毒属下数种病毒的通用术语，这是一种能引起人类和灵长类动物产生埃博拉出血热的烈性传染病病毒，有很高的死亡率。

2014 年 7 月 29 日，据世界卫生组织最新统计数字，此轮疫情从 2 月份在几内亚被发现至今，四个西非国家已报告 1323 个确诊或疑似病例，其中 729 人丧生。全世界的目光都密切注视着这个地区这个疫情，2014 年 8 月 11 日，有一条不会为人忽略的消息称：来自中国的医疗用品和专家抵达几内亚。截至 2014 年 12 月 02 日，世界卫生组织关于埃博拉疫情报告称，几内亚、利比里亚、塞拉利昂、马里、美国以及已结束疫情的尼日利亚、塞内加尔与西班牙累计出现埃博拉确诊、疑似和可能感染病例 17290 例，其中 6128 人死亡。感染人数已经超过 1 万，死亡人数上升趋势正在减缓。

2014 年 8 月，受中国疾控中心委托，仅用 3 天时间便完成了埃博拉病毒关键基因合成的，是廖国娟和她带领的金唯智团队。

2014 年 2 月，智利在复活节岛发现了寨卡病毒感染的首位本土病例。该病毒最早于 1947 年偶然通过黄热病监测网络在乌干达寨卡丛林的恒河猴中发现，随后于 1952 年在乌干达和坦桑尼亚人群中发现。

由于传播该病毒的伊蚊在全世界都可以找到，病毒的爆发很可能会传播到更多国家。2015 年 5 月，巴西开始出现寨卡病毒感染疫情。截至 2016 年 1 月 26 日，有 24 个国家和地区有疫情报道，其中 22 个在美洲，目前欧洲多国也有报道，有蔓延全球之势。2016 年 2 月 1 日，世界卫生组织召开紧急会议应对疫情，决定把寨卡病毒列为国际紧急卫生事故。2016 年 5 月 15 日，北京报告首例寨卡病例。2016 年 9 月 7 日，新加坡境内感染的寨卡确诊病例总数已达 283 起。

2016 年 1 月 30 日，接获四川大学生物治疗国家重点实验室的紧急需求，在 5 个工作日内合成了超过 2000bp 寨卡病毒关键基因的，还是廖国娟和她带领的金唯智团队。

在基因合成领域,质量、时间是两条生命线,在突发事件发生时,速度快、质量高和信得过的品牌非常重要,廖国娟和她带领的金唯智都是在第一时间进行这些病毒的关键基因合成。这一次次的奇迹创造,让廖国娟成为业界赞誉的"基因女侠"。

团队金唯智是英文的中文英译,公司名字叫"Genewiz",因为是做基因的,所以用了Gene(英文,意为基因),而wiz意思为"行家""能手"。这是廖国娟博士和孙中平博士于1999年共同创建成立以基因组服务为核心的全球公司,总部位于美国新泽西州,并于2010年在苏州工业园区纳米科技园成立了苏州金唯智生物科技有限公司。

二

这个传奇般的"基因女侠"——廖国娟,是1982年的应届高考生,进入南开大学生物系,本科毕业之后,进入清华大学就读生物化学硕士研究生,然后赴美国纽约州立大学攻读生物化学与细胞生物学博士,然后在哥伦比亚大学完成了生物化学和细胞生物学博士后研究。

一路走来,波澜不惊顺风顺水,一切都是意料之中,一切都是理所当然,一切都是顺理成章,平淡无奇、无惊无险,没有头悬梁锥刺股的刻苦,没有凿壁借光的勤奋,读书的事儿在廖国娟好像就是与生俱来的基因分子,从来都是如鱼得水、不急不躁、有条不紊、笃笃定定、从从容容。这种与生俱来的从容淡定以后始终伴随在她的人生中。

由于父母工作的原因,小时候每两三年她就会换一个地方上学,山东、河南、河北、江西都待过,从小学到高中,虽然每个地方的教科书都不太一样,但是她到每个学校从来就不仅是名列前茅而且是遥遥领先,直白地说,就是第一名根本不算什么,还要甩开第二名一大截。通常这一类功课又好又不是太死磕闷劲的人被称之为"学霸",廖国娟就是那朵"霸王花"。

20世纪80年代初的中学校园,盛传着不知是谁说的一句名言:"21

世纪是生物的世纪。"让很多人着迷，几乎就像歌里唱的那样："莫名我就喜欢你，深深地爱上你，没有理由，没有原因……"

在这感召之下，以后20多年的高校生物系越来越火爆，据说北大清华的高考状元多分布在生物系，现在叫生命学院。

"霸王花"廖国娟也是在这样的背景下，选择就读生物专业，并且就此义无反顾，一往无前，直到现在。不仅没有丝毫质疑，反而愈加坚定不移确信那个预言说得很对。因为在今天，生物已经无处不在，几乎遍及我们生活的方方面面。

1999年，廖国娟完成了博士后研究。

摆在她面前的是一个博士后通常的发展路径：要么到大学里做研究，然后谋取一个教职—终身教职—助理教授—副教授—教授，人生道路，非常清楚；要么到一个企业做产业研究。1999年的美国，创业，是少之又少的事，谈何容易，今天依然。不像我们，万众蜂拥般轻而易举地随随便便轻轻松松谈创业，不可能的，简直匪夷所思。

一直以来水到渠成按部就班的廖国娟这次选择了一个出乎意料的挑战：创业。

三

科学最美的地方，就是对未知的探索和探求。

廖国娟的梦想是做一个科学家，可以去做世界最顶尖的科学研究。完整的求学过程让她首先是掌握科学，并看清它真正长什么样。

然而她没有继续年轻时的梦想。

创业成了她的第一份工作。

创业最大的魅力是其不确定性和无限可能，这对她充满吸引力。对未知的渴求让她深感兴趣，也让她就这么走下去了。

这绝对不是一个心血来潮的贸贸然任性，而是基于理性思维郑重其事的选择。

1985 年，美国科学家率先提出了人类基因组计划（human genome project， HGP)，并于 1990 年正式启动。这是一项规模宏大、跨国跨学科的科学探索工程。其宗旨在于测定组成人类染色体（指单倍体）中所包含的 30 亿个碱基对组成的核苷酸序列，从而绘制人类基因组图谱，并且辨识其载有的基因及其序列，达到破译人类遗传信息的最终目的。基因组计划是人类为了探索自身奥秘所迈出的重要一步，美国、英国、法国、德国、日本和中国科学家共同参与了这一预算达 30 亿美元的人类基因组计划。

按照这个计划的设想，在 2005 年，要把人体内约 10 万个基因的密码全部解开，同时绘制出人类基因的谱图。换句话说，就是要揭开组成人体 4 万个基因的 30 亿个碱基对的秘密。截至 2005 年，人类基因组计划的测序工作已经完成。人类基因组计划与曼哈顿原子弹计划和阿波罗计划并称为三大科学计划。

经过十几年各国科学家的共同努力，1999 年的时候，廖国娟觉得这计划接近尾声了，一个崭新的世纪即将来临。

廖国娟看到了新世纪的曙光，且分明听到一个使命的呼唤，那一年，廖国娟与合伙人孙中平博士一起创立了金唯智。

他们在长岛的一个小实验室里收获第一桶金，那是廖国娟向她做博士后时的导师拉来的单子；一年后，搬到纽约，开始招募职工；两年后搬到新泽西州 1 号路附近，又开始逐步扩大公司规模；四年后搬到另外一个城市，实验室扩大几倍，人员也翻倍；又过几年，发现实验室已不够用，于是又扩建……如今已发展成在全球拥有 900 多名员工的大家庭。

由英特尔（Intel）创始人之一戈登·摩尔（Gordon Moore）提出来的摩尔定律说：当价格不变时，集成电路上可容纳的元器件的数目，约每隔 18—24 个月便会增加一倍，性能也将提升一倍。换言之，每一美元所能买到的电脑性能，将每隔 18—24 个月翻一倍以上。这一定律揭示了信息技术进步的速度。尽管这种趋势已经持续了超过半个世纪，摩尔定律仍应该

被认为是观测或推测，而不是一个物理或自然法。预计定律将持续到至少2015 年或 2020 年。

虽然 2010 年国际半导体技术发展路线图的更新增长已经放缓在 2013 年年底，之后的时间里晶体管数量密度预计只会每三年翻一番。但是，时至今日，基因组技术发展的速度让摩尔定律也黯然失色。 此前 20 年，科研组织花费几十亿美元做的同样一个项目现在只要不到 2000 美元就可以了。这就像今天我们任何一个人都可以轻而易举去做一个基因测试一般。

这一切都证实了廖国娟和孙中平当时选择在基因组领域创业直觉的正确。

四

廖国娟回国后学会一个词叫"心理强大"，她做的很多事在别人看起来很疯狂，但是自己却不觉得有什么特别，平心静气地把事都做了，一切都在井然有序之中按部就班，不管是事业工作还是家庭人生。她注重的是条理和逻辑，喜欢提前计划，看重流程和制度化。在理性、制度、计划、逻辑，看起来都是"男性化"的思维惯性中，融入了女性的优势：细心和耐心。

她内心很有韧性也很有耐力，不把生活和工作分得太开，生活中可以工作，工作的时候也可以照顾一下生活。不管是作为一个"学霸"还是"基因女侠"，廖国娟没有在正常的年龄耽误个人正常的事，恋爱、结婚、成家、生养孩子。孩子虽然管得不多，没有吃喝拉撒睡的事无巨细，没有婆婆妈妈的啰里吧嗦黏黏糊糊，反而德智体全面发展茁壮成长，她不干涉孩子的独立，只是在儿子适时需要的时候予以一个母亲应有的关怀。

精力过人的廖国娟几乎每天都坚持做瑜伽，从忙碌的工作中抽身出来，也读书休闲，也免不了闺蜜私话儿女情长，她喜欢和同事、朋友一块儿去欢乐一下，经常组织小型活动，大家一块儿吃吃喝喝，游山玩水，唱唱歌，拍拍照，她甚至还是苏州的清华大学校友里最会擀饺子皮的。

她喜欢随时了解公司每个员工都在干什么，随时参与到员工的讨论中，也随时让公司的员工多了解自己一点，比如并不是一个只会在半夜给大家写邮件、在发布会的时候上台演讲的人。她甚至对公司出现的人员跳槽、外部挖墙脚之类的麻烦也安然处之，她觉得但凡一个公司会发生的事儿都很正常，创业之初开办公司之初她都想过，如果这些干扰都不能应对，都会影响公司进程的话，那只能说明本来就成问题。

人追求的是什么？廖国娟曾经经常想，经常问自己。现在在业界的名声，其实很多人都知道她自己一点也不在乎。她手上的结婚戒指是她仅有的两三个首饰之一，花了大概五六十美元，二十多年前买的 14K 的。她的提包是他儿子还可以抱在手上时老公送的，包的牌子老公不认识她也不清楚。幸福不是物质的，人生不是名利的。但是不追求名利，并不等于远离名利。不追求物质生活的本意也是跟金钱没有仇。找来找去，廖国娟找到的答案是：如果我今天比昨天有进步，今年和去年比有正向的不同，如果我对其他人有正面的影响，我的人生就是有意义的。

金唯智的理想是什么呢？"We want to be best in the world AND best for the world."就是不但是世界最好的，而且是为世界更好的。世界最好，听起来已经十分大野心了，但廖国娟认为做到世界最好，虽然不容易，可还不是他们追求的境界。要做到为世界更好，是对自己的企业自己的工作的更高要求，是金唯智用来衡量自己行为的一个标绳，也是指导自己做决定的准则。

在全球 900 余人的大家庭里，苏州公司是全球众多公司里布局非常重要的一部分，既是中国的总部又为全球各公司提供支持，以保障各公司更好地为客户提供优质的服务。在廖国娟看来，只要客户能赢，员工能赢，公司自然而然就能健康地成长壮大。

出发不忘初衷。廖国娟当初创办金唯智，就是想着帮助生命科学研究更高效率、低成本而努力。基因合成和测序是两大朝阳产业，对整个社会

的环境保护、能源持续发展具有重要意义，让百姓活得更健康、环境更美好、食物更丰富是每一个"基因人"的愿景。

对于金唯智的未来，廖国娟希望能加快实现全球化布局，实际上，这场战斗已经开始。

"现在和未来会有怎样的挑战依然是个不确定的话题，这是我的乐趣所在。"

图书在版编目（CIP）数据

追梦在路上：苏州魅力科技人物的故事 / 苏州市科学
技术协会编 . —上海：文汇出版社，2017.1
ISBN 978-7-5496-2003-6

Ⅰ．①追… Ⅱ．①苏… Ⅲ．①青年－科学工作者－
生平事迹－苏州 Ⅳ．①K826.1

中国版本图书馆 CIP 数据核字（2017）第 014230 号

追梦在路上：苏州魅力科技人物的故事

编　　者 / 苏州市科学技术协会
责任编辑 / 吴　斐
装帧设计 / 刘　啸

出版发行 / **文匯** 出版社
　　　　　 上海市威海路755号
　　　　　 （邮政编码200041）
印刷装订 / 苏州市大元印务有限公司
版　　次 / 2017年1月第1版
印　　次 / 2017年1月第1次印刷
开　　本 / 787×1092　 1/16
字　　数 / 120千
印　　张 / 12.25

ISBN 978-7-5496-2003-6
定　　价 / 48.00元